# LES 130 RÈGLES D'OR POUR MIEUX COLLABORER À DISTANCE

ALEXIA DE BERNARDY

# LES 130 RÈGLES D'OR POUR MIEUX COLLABORER À DISTANCE

MARABOUT

# Sommaire

# Préface

Ce livre d'Alexia de Bernardy est important aujourd'hui. Il donne des repères, parfois des recettes pour faire que cette révolution du travail ne vienne pas brutalement s'immiscer dans nos vies professionnelles mais qu'au contraire elle génère des comportements vertueux qui mettent l'humain au cœur du projet de l'entreprise.

Cet ouvrage alerte autant qu'il conforte. De manière très concrète, il montre les actes et suggère les comportements à adopter voire à affiner dans le temps pour permettre à cette crise d'être opportune dans le sens de la remise en cause positive d'une société du travail structurée, depuis des années, par les crises successives et dont les dérives ont créé des tensions sociales et humaines de moins en moins gérables.

Ce livre ouvre des portes, propose des actes simples et des réflexions concrètes à mettre en œuvre sur le terrain comme une réponse réaliste et progressive pour construire le « monde d'après ».

*Benoît Serre*
*Partner du Boston Consulting Group*
*Vice-président de l'ANDRH**

*Association nationale des DRH.

**« On a été coupés tu peux répéter ? Robert, tu es là ? »**

**« … Flemme… Zoom-fatigue… »**

**« Le télétravail, c'est totalitaire !* »**

**« YZ193R1K qui êtes-vous ? »**

**« Non mais c'est qui le chef ? »**

**« Si je comprends bien, pour gérer une crise, il faut surtout une bonne connexion Internet ! »**

* Témoignage de salariés reproduit dans *Le Point*, 6 janvier 2020.

** Jean-Denis Garo et Caroline del Torchio, « Les 4 faces cachées du télétravail », Maddyness.com, 17 décembre 2020.

« Personne n'a de question... ? Alors on enchaîne... »

« Virginie, le son est inaudible. »

« ... le nouvel empire des p'tits chefs !** »

« C'est la punition de retourner au bureau. »

« Ces visio sans arrêt, c'est épuisant. »

« C'est du flicage à distance. »

# Préambule

# Quand les anciennes recettes ne fonctionnent plus

Alors que 7,2 % des salariés français pratiquaient occasionnellement le télétravail en novembre 2019[1], nous étions 30 % à avoir basculé en télétravail en avril 2020[2]. Trente pour cent à avoir plongé dans le grand bain. Trente pour cent à se questionner.

Le télétravail et le télémanagement* révolutionnent l'entreprise. Le projet d'une entreprise, au sens premier du terme, c'est de faire des choses ensemble. L'homme est un animal social. Nous avons tous besoin de nous voir en chair et en os pour être créatifs, progresser, comprendre les autres, imaginer des solutions à des problèmes complexes. Mais comment faire à distance ?

Comment vérifier que son auditoire est embarqué quand on ne voit pas la moue de son collègue qui exprime un doute ?

Comment remplacer les discussions informelles qui soudent les équipes autour d'un café avant de démarrer dans le vif du sujet ?

Comment avoir envie de se lever le matin pour rejoindre une réunion téléphonique avec huit personnes ayant tous activé le mode « silencieux » ?

## TÉLÉTRAVAIL, UN RISQUE D'ISOLEMENT ET DE DÉSENGAGEMENT

Flash-back. Mi-mars 2020, avec le confinement pour lutter contre la Covid-19, les projets en présentiel, les meetings et les séminaires sont stoppés. Maintenir à distance la dynamique collective des équipes devient un enjeu majeur, cristallisé par l'isolement de chacun. À cela s'ajoute l'importance d'anticiper « l'après-confinement » – que l'on imagine

* LaWEbox utilise depuis deux ans ce terme pour désigner le management en situation de télétravail.

alors venir rapidement –, le retour à la dynamique des entreprises, en gardant le lien avec les équipes.

Déplacements professionnels interdits, arrêt des visites de personnes extérieures, réunions à plus de quatre annulées, etc. Partout en France on Slack, Klaxoon, Teams ou Zoom. Les web conférences ont permis de se réunir et de continuer l'activité.

Les premiers jours de la crise sanitaire, ça va à peu près. Tout le monde est en roue libre et gère le quotidien, avec les e-mails, visio et autres outils digitaux. Tout le monde a l'impression d'être plus efficace, parce que moins gêné par les bruits et les interruptions des collègues. On déroule la *to-do list* au calme, sans bouger de chez soi ! À distance, on constate notre capacité à produire en mode automatique. On sait dérouler du déjà-vu, du déjà-fait.

De retour au bureau, tout ce qui a été inventé en mode survie devrait s'ancrer comme un fonctionnement normal. On a constaté un certain lâcher-prise vis-à-vis des éléments statutaires, une incitation à l'autonomie, une capacité accrue à verbaliser les doutes, l'écoute, l'utilisation d'astuces d'animation pour créer de la proximité, l'entraide entre pairs, l'optimisation des réunions courtes et efficaces, etc. Tout cela annonce une accélération des nouvelles façons de travailler, en somme.

Sur la durée pourtant, l'exercice du télétravail, initialement temporaire, résilient, a révélé un second visage. Dans les faits, ça se complique si l'on veut collaborer avec nos collègues, clients ou fournisseurs sans se voir. Les chiffres l'attestent : alors que 55 % voulaient télétravailler davantage en avril 2020, ce taux a chuté à 29 % en septembre[3], après le confinement. Tensions, incompréhension, collègues silencieux aux réunions téléphoniques, projets freinés, morosité, désengagement des équipes, etc.

Car la coopération à distance relève du *team spirit*, du management, du relationnel, et non pas des seules techniques pour travailler à distance. L'enjeu de la coopération à distance sur la durée, ce n'est pas les outils digitaux – il en existe toute une panoplie très aboutie, qui facilite le partage d'informations. L'enjeu du télétravail, c'est le maintien de la relation et de la confiance dans les équipes. Car la distance physique exacerbe la distance humaine, c'est-à-dire le manque de sentiment d'appartenance au groupe de travail, à l'équipe.

> *L'enjeu de la coopération à distance sur la durée, c'est de maintenir la relation entre les individus pour qu'ils parviennent à travailler ensemble. C'est de garder le lien. De faire communauté. De partager de l'émotion commune.*

Surprenant ? Contre-intuitif ? Le premier effet observable de la coopération à distance est la distance physique entre les personnes. Or les outils digitaux permettent de réduire certains inconvénients de la distance physique, mais pas la distance relationnelle. Du moins, pas à eux seuls. Sans présence physique, les liens relationnels d'une communauté de travail peuvent s'étioler rapidement, ce qui freine la coopération à distance. Pire, le télétravail peut renforcer le manque de confiance au sein d'une équipe.

Le mot d'ordre pour maintenir la collaboration à distance est donc d'investir plus de temps encore sur les fondamentaux de la relation entre nos collègues, nos collaborateurs, nos partenaires.

Mon premier livre, *Moteurs d'engagement : 365 actions pour mieux travailler ensemble**, aborde ce sujet en détail et je vais donc revenir dessus en quelques lignes seulement. Cette qualité de relation et d'interaction est nécessaire à plus d'un titre.

- Quand il n'y a pas de lien dans une équipe, le manager perd en impact.
- La nouvelle génération a davantage la bougeotte. Comment retenir les plus jeunes dans l'entreprise s'ils n'y vont plus ? Le manque de relations humaines est la première raison avancée par les salariés qui quittent leur employeur.
- Ne pas bien connaître nos collègues nous met dans une position défensive et génère un manque d'intérêt pour l'impact de nos actions sur les autres, source du règne du chacun pour soi.

---

* Marabout, 2019. Ce livre recense une grande quantité d'études chiffrées sur l'impact de la qualité de la relation entre les individus au travail qui ne sont pas reprises ici.

- Des individus ayant le sentiment d'appartenir à une communauté font preuve de plus de tolérance, participent de façon positive à la coconstruction, collaborent avec curiosité, ont une meilleure qualité d'écoute, partagent l'information, gagnent du temps et sont en meilleure santé, etc. Votre capacité à faire grandir vos équipes et vos collègues est une mine d'or sur laquelle vous êtes assis en ce moment.
- Le lien social est le principal levier du plein épanouissement de l'intelligence humaine. Quand on se connaît, on se parle et on a envie de travailler ensemble, de retrouver ses collègues le matin, de sentir qu'on fait corps. C'est le socle pour faire grandir ses équipes et ses projets.

## ET MAINTENANT ?

Le post-Covid remet en question notre rapport au travail, en termes de rythme, de relations et d'organisation. Et cela va durer. « Le télétravail n'est pas un geste barrière déclenché en cas de crise, il doit être un mode de travail pérenne[4]. »

La quête de chaleur humaine est universelle, y compris chez nos dirigeants. Et surtout quand on travaille à distance, où le risque de sentiment de solitude est important. Dans le cadre de mes travaux de recherche, j'ai interviewé 350 personnes sur le sujet depuis 2018, et la conclusion est que cette quête est universelle, mais que tous ne s'en rendent pas compte.

Avec mon entreprise laWEbox*, j'ai eu la chance d'être lauréate deux années de suite de la Villa Bonne Nouvelle d'Orange, une sorte d'incubateur de nouvelles façons de travailler et d'accélération des transformations. Au printemps 2020, j'ai coanimé, avec une dizaine de sociétés lauréates, une étude** sur les attentes principales des Français après le

---

* www.lawebox.com

** Une vaste enquête a été menée sur les attentes des Français pour le « retour au bureau » et les conséquences possibles de la crise sanitaire sur l'organisation du travail. Son initiateur est la Villa Bonne Nouvelle d'Orange, une communauté de start-up dédiées aux nouvelles façons de travailler et à l'agilité collective.

confinement. Les enseignements ont été formalisés dans un article paru sur *Forbes*[5]. Voici en synthèse les besoins qui sont ressortis.

- **Plus de sens au travail.** Les deux priorités des répondants parmi leur top 3 sont « la quête de sens au travail » (47 %), voire « un changement dans la nature de la relation avec son employeur » (37 %).

- **Plus de souplesse et d'autonomie dans l'organisation du travail.** Les Français sont en attente d'une organisation du travail multisites pour accompagner leur besoin d'autonomie, numéro 3 des priorités pour 36,5 % des répondants.

- **Plus de coopération et de liens à distance.** Si la quête de sens et d'autonomie l'emportait pendant la crise sanitaire, les répondants, quand ils envisageaient le retour au bureau, souhaitaient y trouver chaleur humaine et collaboration.

« Coopération », « motivation », « liens », « confiance » et « implication » sont les principaux mots-clés identifiés dans les 150 verbatims qui complètent cette étude. Maintenir le sentiment d'appartenance à son équipe, de se coordonner et d'éviter l'isolement sont des besoins qui ressortent de cette expérience de télétravail imposé.

Les répondants redoutaient d'ailleurs les effets du télétravail généralisé sur les liens avec leurs collègues (47 %), et 82 % craignaient la solitude[6].

En conséquence, la coopération a été la principale difficulté du travail à distance pendant le confinement : manque de convivialité dans les relations, difficultés pour sentir comment vont les autres, difficulté à ressentir l'accord ou non sur les propositions.

Ressort en filigrane le constat que seules la profondeur et la fréquence du contact humain permettent de créer les conditions de la confiance, indispensable pour collaborer à distance.

*En résumé, le télétravail bouleverse les façons de travailler, car il faut lutter contre l'isolement. Pour créer de la valeur, si l'on se voit moins, il faudra donc se voir « mieux ».*

Pour révéler au plus grand nombre cette information et outiller efficacement les entreprises dans ce sens, j'ai créé la société laWEbox en 2018. Il s'agit d'une application digitale qui diffuse et anime toutes ces bonnes pratiques, et qui favorise l'engagement et le travail en équipe. Cette application propose des techniques concrètes faciles à expérimenter tous les jours, par exemple pour une réunion ou un appel téléphonique. En plus d'aider à passer à l'action, elle se veut aussi un espace pour que les participants y partagent leurs retours d'expériences, leurs questions, leurs petites victoires. Cette application est un formidable miroir des attentes et des pratiques collectives de la société, car elle rassemble ainsi les techniques, doutes, besoins de tout un chacun pour mieux collaborer. Certains disent que c'est de l'intelligence artificielle au service de l'intelligence collective.

Quoi qu'il en soit, c'est cette matière riche, partagée au fil des mois, que j'ai souhaité compiler dans ce livre pour partager avec vous les techniques de « vraies gens » comme vous et moi en matière de coopération à distance. Vous trouverez des exercices issus de l'application digitale dans la rubrique « La minute #laWEbox » et d'autres encore dans le prolongement digital qui vous est offert avec l'application laWEroom (voir page 196). C'est donc un livre « augmenté » que vous tenez entre vos mains.

## QUEL CAMP CHOISISSEZ-VOUS ?

Le confinement a transformé nos façons de travailler. Est-ce que cela signifie que nous devons désormais choisir notre camp ?

Devons-nous nous rallier à ceux qui trouvent que le travail devient un produit de consommation jetable ? Maintenant que l'on peut travailler partout en totale autonomie, sommes-nous destinés à consommer une expérience à droite ou à gauche, à produire sa mission de façon détachée dans un marché du travail devenu virtuel et mondial ? Devons-nous rejoindre le camp du job Kleenex jetable et du chacun pour soi ? Le camp du collègue virtuel interchangeable ? Si c'est ce que vous pensez, j'en suis désolée, refermez cet ouvrage, car sa lecture vous fera perdre du temps.

À l'inverse, devons-nous préférer le camp de ceux qui valorisent l'esprit d'équipe, l'engagement, l'intelligence collective, l'esprit de corps pour grandir ? Qui privilégient vision plus épanouissante et plus efficace du travail qui fasse appel aux compétences relationnelles et à la créativité pour s'adapter face aux imprévus et innover ?

En réalité, vous n'avez pas le choix. La transformation du travail est opérée, les anciennes recettes ne fonctionnent plus, nous sommes tous « en risque » en termes d'évolution professionnelle et d'efficacité de nos missions.

## LE MODE D'EMPLOI POUR PLONGER DANS LE « GRAND BAIN »

Nous voici tous dispersés, à distance, en télétravail, en coworking, en corpoworking, éclatés géographiquement, sur des fuseaux horaires décalés, en *remote*, etc. Vous vous sentez inutile en visio ? Vous ne comprenez plus à quoi vous servez ? Vous avez du mal à vous concentrer ? Vous n'en pouvez plus de travailler de chez vous en pleine techno-folie ? Vous avez l'impression de stagner, peur de louper des opportunités ? Vous cherchez des *quick wins* vécus, parce que votre temps est compté ? Il y a d'ailleurs fort à parier que, si vous tenez ce livre entre les mains, c'est sans doute parce que vous avez testé des choses pendant les confinements et que, « bon an mal an », certaines techniques ont fonctionné et d'autres moins, mais quoi qu'il en soit, vous y avez dépensé une énergie folle.

Vous cherchez des bonnes pratiques, éprouvées, des formats efficaces pour faire avancer vos projets ou vos équipes efficacement et dans la bonne humeur ? Ce livre vous les apporte.

*Plongez dans le grand bain du télétravail, jetez-vous à l'eau dans les bonnes pratiques qui fonctionnent et faites quelques longueurs quotidiennes pour vous habituer à ces nouvelles façons de travailler.*

Vous trouverez également des verbatims inspirants de salariés* pour étayer son propos.

Après le succès de *Moteurs d'engagement*, j'ai voulu écrire une déclinaison dédiée au travail à distance, accompagnée, comme je l'ai dit plus haut, d'un prolongement digital qui vous est offert.

Bienvenue dans l'aventure du télétravail ! Après avoir posé les **huit clés fondamentales pour éviter le décrochage,** ce livre est structuré autour de trois problématiques opérationnelles :

- comment maintenir la motivation quand on ne se voit pas ;
- comment gérer des projets à distance ;
- comment animer de réunions virtuelles.

Après avoir passé en revue ces différentes typologies, le moment sera venu d'interroger l'évolution possible de nos modes de travail vers une forme hybride capable de conjuguer présentiel et distanciel.

Dans chaque chapitre, les bonnes pratiques sont classées en trois catégories :

- **Des PETITES ACTIONS du quotidien** pour tout un chacun : fondamentaux et basiques des réunions à distance, rituels de convivialité accessibles à tous, etc.

- **Des actions PLUS IMPLIQUANTES,** nécessitant de la réflexion ou de l'organisation : préparation d'une réunion de 10 personnes, accueil d'un nouvel arrivant, techniques de feedback à chaud, animation d'un *icebreaker* alors que ce n'est pas votre tasse de thé, etc. Le virtuel impose de mettre son énergie ailleurs, pour chercher de nouvelles façons de faire qui peuvent nous faire sortir de notre zone de confort. Pour en sortir grandi.

- **Des actions à destination des MANAGERS ET CHEFS DE PROJETS.** Comme tout salarié, le manager est bien sûr concerné par les deux catégories précédentes, mais cette troisième catégorie

* Verbatims tirés de l'application digitale de laWEbox, qui anime des communautés de managers sur les bonnes pratiques pour coopérer.

approfondit des techniques qui lui seront très utiles pour tirer son équipe vers le haut.

Choisissez un thème de progression, fixez-vous un objectif, par exemple optimiser vos réunions à distance ou revoir la façon dont vos projets sont gérés. Mettez des Post-it® sur les pages du livre qui présentent les pratiques que vous souhaitez enclencher. Déclinez ces pratiques en petites actions pour que chaque jour soit une opportunité d'apprentissage et de mise en mouvement. Et observez les résultats.

# Chapitre 1

# Les huit fondamentaux pour éviter le décrochage

Incompréhension, vitesse, isolement, doutes, inefficacité, etc. Que vous managiez ou non une équipe, voici les trois principaux risques du travail à distance pour vos projets et votre carrière :

- Le télétravail fragilise la cohésion d'équipe. Nous allons voir comment communiquer, créer du lien, lutter contre l'isolement, organiser l'informel et travailler dans une relation de confiance.

- L'efficacité d'une personne (la vôtre comme celle de vos équipes et collègues) ne se mesure plus à sa présence, mais à sa valeur ajoutée. Nous allons décortiquer comment fixer des objectifs court terme, suivre leur réalisation, remonter les irritants.

- La distance freine la capacité à innover et à résoudre des problèmes complexes. À distance on sait produire seul, mais il est difficile d'être collectivement efficaces. Pour y remédier, des bonnes pratiques vous aideront à organiser les échanges entre pairs afin de cultiver l'audace et naviguer dans l'incertitude.

**Managers et chefs de projets réveillez-vous.** Je vous interpelle ici plus particulièrement, parce que vous courez le risque que vos collaborateurs soient perdus. À distance, vous ne ressentez pas ce qu'ils pensent, et le risque de décrochage est énorme. Vous en avez peut-être d'ailleurs déjà perdu en route : celui qui ne met jamais sa caméra, celui qui ne pose jamais de question, celui à qui vous n'avez jamais passé un coup de fil informel, etc.

Pour éviter que le télétravail soit uniquement synonyme d'efficacité virtuelle, voici huit actions indispensables à la survie de votre équipe et/ou à votre propre survie. La suite du livre présente des déclinaisons opérationnelles de ces huit clés.

## 1. POUR MIEUX COMPRENDRE LES AUTRES, EXPLORER TOUS LES INDICES

En présentiel, la distribution de la parole est inconsciemment réglée par les signes non verbaux : Untel regarde avec insistance son manager pour demander à prendre la parole ; un autre trépigne sur son siège jusqu'à ce qu'on lui propose de s'exprimer ; un autre encore garde les yeux rivés sur sa feuille, ce qui alerte son manager qui le questionne.

En téléréunion, le contact visuel est plus difficile, le langage non verbal moins aisé à déceler. C'est pourquoi beaucoup de gens ont plus de mal à prendre spontanément la parole et à comprendre les autres.

> *Sans questionner, aller chercher les avis, les freins ou les objections, vous risquez de perdre vos interlocuteurs ou de passer à côté d'un point clé de votre projet.*

Dans ce cas, le risque concerne tout le monde.

- **Vous à titre personnel pour votre développement professionnel.** Pensez à interagir, à questionner, à donner votre avis, à créer de l'interaction avec votre manager. Échangez davantage avec lui, faites-lui part de votre avancement, créez l'échange s'il ne le demande pas.

- **Et vous à titre de membre d'un projet, d'une équipe.** Pensez à aller chercher les avis des collègues et collaborateurs.

Il y a quelques grands classiques qui se décèlent à distance : les gestes des mains, les mimiques, les regards, les mouvements de sourcils et autres comportements permettent de comprendre ce que pensent vos interlocuteurs s'ils ne le verbalisent pas. Ce livre devrait vous aider à créer une autre forme de proximité relationnelle quand le face-à-face n'est pas possible.

Comment l'autre réagit aux stimulus émotionnels que vous provoquez chez lui ? Par exemple, une personne stressée aura plus souvent des réactions automatiques et parfois incontrôlées*. Les neurosciences démontrent que, en cas de stress, le stimulus émotionnel est envoyé directement sur une « route courte » du cerveau pour obtenir une réponse rapide qui ne nécessite pas de réflexion. C'est un peu notre « côté obscur de la force ». Le retour de nos instincts primaires. La personne réagit alors de façon instinctive... et parfois déplacée. Elle fuit, elle agresse, elle s'inhibe.

En détectant les situations où vos interlocuteurs tombent dans le mode automatique, vous pourrez comprendre leur mode de pensée et renforcer l'efficacité de la relation. Voici trois exemples de comportements qui illustrent ce côté obscur.

- Certains quittent la réunion avant la fin. Fuir est très facile en visioconférence, une déconnexion impromptue est tellement plausible !
- Certains coupent la parole en visio, sont autoritaires, voire agressifs, à l'oral ou dans les *chats*.
- Certains ne rendent pas les missions actées en réunion, ne répondent pas aux e-mails, ne contribuent jamais au débat, coupent systématiquement leurs caméras.

Ces comportements, peut-être instinctifs et non réfléchis, doivent vous questionner sur ce qu'ils sous-tendent.

*Les objections, les questions, les avis étant difficiles à exprimer à distance, allez chercher ces informations précieuses. Mettez-vous dans un état d'esprit qui valorise les doutes plus que les certitudes.*

Le plus souvent possible, questionnez vos interlocuteurs pour comprendre leur contexte de travail, aller chercher l'avis qu'ils ne vous communiquent pas, leur demander comment ils vont.

* Cela nous est arrivé à tous, même si nous sommes habituellement plutôt réfléchis.

Cela vous permettra d'identifier les sujets sur lesquels il est nécessaire de réfléchir ensemble, moteur de l'engagement. Une façon de valoriser les doutes est d'exprimer les siens, pour faire réagir votre auditoire.

Bienvenue dans l'univers de la conversation courageuse, indispensable à distance.

## 2. VEILLER À NE PAS NÉGLIGER LA RELATION AVEC SES INTERLOCUTEURS

À distance, valoriser la seule efficacité des personnes est facile, mais démotivant pour les équipes. La grande difficulté du travail à distance, c'est qu'il faut continuer à faire des efforts dans la relation, alors que seuls les résultats sont visibles.

La relation peut s'étioler au fil du temps par de petites négligences dans les interactions virtuelles. C'est cette somme de petits écarts qui met de la distance dans une équipe. L'absence de feedback, d'écoute, de réaction **à une idée,** de réponse à un e-mail est une forme d'agression. Au quotidien, ce type de négligence mène à la médiocrité, ce qui se répercute sur le moral des troupes et sur la confiance. Au risque de faire chuter une équipe.

N'abandonnez jamais la relation. Concrètement, mettez-vous à la place des personnes qui ont produit tel travail, écrit tel e-mail ou SMS, ou posé telle question. Prenez soin de **répondre aux e-mails si une question vous est posée,** de ne pas laisser sans réponse une invitation postée sur un groupe WhatsApp, de contribuer même modestement à la cagnotte d'anniversaire d'un collègue que vous n'avez pourtant pas vu physiquement depuis des mois, de **féliciter pour un travail remarquable,** de faire un feedback utile, etc.

*Tomber dans la négligence des relations à distance mène petit à petit à la médiocrité.*

## 3. FOCALISER SON ÉNERGIE POUR COMMUNIQUER DAVANTAGE ET MIEUX

Moins on se voit, plus il faut communiquer[7]. C'est ce qu'a démontré une équipe de scientifiques et qui vient corroborer ce qu'affirme cette expression bien connue : « Loin des yeux, loin du cœur. » Moins on se voit, moins on se parle, moins on s'envoie de message.

Focalisez votre énergie pour trouver des formats permettant de mieux communiquer. Cela signifie qu'il faut prendre des risques et essayer de nouvelles techniques, car les anciennes façons de faire ne sont plus toujours adaptées. Quand vous aurez fini ce livre, il y a fort à parier, par exemple, que vous commencerez à douter qu'une réunion soit toujours le meilleur format pour faire avancer vos projets. Et vous aurez raison. Questionnez-vous toujours sur la pertinence d'une réunion à distance : parfois, il sera plus efficace de prendre votre téléphone, d'envoyer une vidéo ou de prévoir un brainstorming interactif.

Prenez le temps de vous demander quel est le canal de communication le plus adapté à vos besoins ou à la situation. Voici quelques exemples pour vous guider.

- Pour communiquer à votre interlocuteur une information importante qui pourrait être utile d'archiver, privilégiez l'e-mail ou le message vocal.

- Si vous souhaitez communiquer une information à plusieurs personnes en même temps, privilégiez l'e-mail ou les groupes d'échanges (WhatsApp, réseaux sociaux, etc.).

- Pour un feedback ou pour avoir une discussion personnelle avec votre interlocuteur, privilégiez le face-à-face – ou *a minima* une visio avec la caméra allumée.

## 4. METTRE EN PLACE LES CONDITIONS DE LA CONFIANCE

Pour Bertrand Duperrin, « la distance met en exergue tous les dysfonctionnements d'un système qui fonctionne bien en local, mais en apparence uniquement[8] ». Cette idée est également reprise par Patricia Wendling : « Le télétravail a bon dos : le manque de confiance ou d'autonomie préexistait largement ! Seulement, ces problèmes ont été davantage visibles avec l'excès de télétravail[9]. »

Pour Jean-Denis Garo et Caroline del Torchio, « les petits chefs en présentiel n'ont pas disparu, ils se sont déplacés dans le monde digital et s'expriment maintenant encore plus. [...] Ils génèrent ainsi une infobésité, une info-fatigue aussi, contribuant au stress inutile ambiant[10]. »

La crise sanitaire a généré de nouvelles façons de travailler en faisant voler en éclat certaines barrières au travail, et ses effets ont été en partie très bénéfiques. L'urgence sanitaire a en effet nécessité des circuits décisionnels extrêmement raccourcis, avec une simplification des relations, sans filtre hiérarchique.

Les organisations se sont mises à partager toutes les informations à toutes leurs équipes pour aller plus vite. Cette simplification de la diffusion a donné une autre fonction aux temps collectifs : prendre des nouvelles, partager ses bonnes pratiques, répondre aux questions, etc.

J'écrivais en juin 2020 que cette crise a également révélé des potentiels, comme une sorte de tamis qui permet de ne voir que la performance des individus et non la politique interne. « De plus, elle questionne : devons-nous tout réinventer ? Doit-on continuer à se réunir plus souvent pour partager de l'information ? Ou au contraire, si l'information est structurée et accessible à tous à tout moment, faut-il alors utiliser les temps de réunions pour y vivre autre chose ? Autre chose de collectif à inventer ? Étant donné l'autonomie acquise par les équipes pendant le confinement, quelle est la plus-value d'une direction générale ? Doit-on alléger l'organigramme pour faire jouer totalement la transversalité[11] ? »

Comme disent mes confrères de la Villa Bonne Nouvelle d'Orange, « les collaborateurs amenés à s'automotiver pendant le confinement assument désormais leur singularité. Le monde du travail est en mutation et le confinement a confirmé la nécessité d'amener les collaborateurs à plus d'autonomie et de responsabilités. Lorsque le management est et reste pyramidal, il est compliqué pour les collaborateurs de s'autovaloriser et de maintenir leur motivation. Il va falloir apprendre à exprimer sa singularité, communiquer avec bienveillance, se sentir fort de ses talents et ainsi plus proactif et plus souple[12] ».

Créer la confiance ne se décrète pas. Cela repose sur une qualité d'interaction, une constance dans les relations et une détermination claire des rôles et des apports de chacun. Pour toutes ces raisons, un chapitre entier (chapitre 4) est dédié aux techniques permettant d'œuvrer dans le sens d'un management responsabilisant.

## 5. CRÉER DE VRAIES RESPIRATIONS POUR AVOIR UN TEMPS DE TRAVAIL CIRCONSCRIT

Un des gros avantages du télétravail, c'est que chacun peut travailler à son rythme et adapter l'organisation de ses journées à ses contraintes. Le fonctionnement d'une équipe intègre alors des aspects asynchrones inévitables*. Acceptez ce maillage entre vie personnelle et vie professionnelle.

En revanche, attention à la surcharge et à la Zoom-fatigue**. Il est reconnu que les télétravailleurs ont tendance à en faire trop, car la frontière entre travail et vie personnelle est difficile à respecter[13]. Soyez donc vigilant sur ce point – pour vous comme pour vos équipes.

Bertrand Duperrin explique ainsi : « À distance, tout est exponentiel. La vitesse à laquelle on s'isole ou on se désengage. La vitesse à laquelle le collectif se délite. Le petit coup de blues devient un vrai passage à vide.

---

* Un fonctionnement asynchrone se fait sur des temps décalés. Par exemple, discuter sur WhatsApp ou par e-mail permet à chacun de le faire quand il le souhaite. À l'inverse, un fonctionnement synchrone implique que toute l'équipe échange en même temps, par exemple en visioconférence ou en présentiel.

** Ou visio-fatigue, en référence à la fatigue liée aux réunions virtuelles trop nombreuses et sur des outils tels que Zoom.

Le passage à vide devient une dépression. Le besoin de parler à quelqu'un se transforme en détresse psychologique[14]. »

**De plus, à distance certaines personnes ont peur de ne pas en faire assez.** J'ai contribué au livre blanc du Lab'AATF* sur l'engagement des collaborateurs dans la fonction publique, dont une partie est consacrée aux biais liés aux valeurs, notamment à la valeur « travail » qui peut conduire à confondre engagement et surinvestissement : « En France, la valeur "travail" est particulièrement forte », rappelle ainsi Dominique Méda. Combiné à une certaine "logique de l'honneur" (Philippe D'Iribarne), le risque est de confondre engagement et présentéisme, ce que l'on peut en particulier observer chez les cadres. Confondre engagement et présentéisme est toutefois délétère et ce n'est pas un hasard si le syndrome d'épuisement professionnel ou burn-out tend à toucher des personnes particulièrement engagées et consciencieuses dans leur travail[15]. »

> *« Il faut presque protéger les salariés malgré eux. »*
> — Jean-François Foucard**

Collaborer à distance est un marathon. De nombreuses situations d'épuisement professionnel sont à déplorer depuis le confinement, sans parler du télémarmaille ou de la téléchamaille pour ceux qui ont eu des enfants à la maison pendant les confinements. Si vous managez une équipe, évitez l'hypertravail comme le décrochage. Pris dans la spirale du visio-boulot-dodo, certains collègues ou membres de vos équipes ont du mal à s'arrêter et pensent peut-être qu'ils n'en font pas assez. Et vous ? Ne pas sacraliser ces temps de respiration, c'est risquer d'avoir des collaborateurs en surmenage qui finissent par décrocher. D'autres, au contraire, semblent sortis des radars ; faute d'encadrement et de dynamique d'équipe, ils sont perdus, démotivés et, petit à petit, ne délivrent plus leurs missions.

---

* Laboratoire d'innovation managériale de l'Association des administrateurs territoriaux de France (AATF).

** Jean-François Foucard, secrétaire confédéral de la CFE-CGC.

## UN NUMÉRO DE SOUTIEN

Face au risque de burn-out, si vous ou vos collègues vous sentez particulièrement isolés ou que vous vivez difficilement cette nouvelle modalité d'exercice de votre travail, le ministère du Travail a mis en place un **numéro vert gratuit et anonyme** dédié à l'accompagnement des salariés qui vivent difficilement l'exercice de leur activité en télétravail : **0 800 130 000.**

# Quelques exemples d'actions pragmatiques

- **Veiller à ne pas travailler entre le vendredi soir et le lundi matin** – et à ne pas faire travailler vos équipes et vos collègues !

- **Adopter un rituel de connexion** pour entrer dans votre journée de travail. En présentiel, « le temps de trajet pour aller travailler nous prépare à endosser le costume de notre "personnage professionnel[16]" ». En télétravail, sans ce moment intermédiaire, vous pouvez vous sentir à moitié dans votre rôle de parent, d'époux, de colocataire, etc. « On ne s'enracine pas vraiment dans un rôle, on est un peu les deux et aucun des deux en même temps. Chaque personnage demande des préparations différentes, on ne s'habille pas de la même façon, par exemple[17]. » Cette répartition des rôles peut sembler épuisante, mais elle permet de cloisonner vie professionnelle et vie personnelle pour une meilleure déconnexion du travail. Décidez par exemple de ne consulter vos e-mails qu'une fois le petit déjeuner terminé, au moment où vous vous asseyez à votre table de travail –, et si c'est celle où vous prenez vos repas, accordez-vous le temps de l'organiser comme un espace de travail et non plus un espace familial.

- **De la même manière, adopter un rituel de déconnexion** une fois la journée de travail terminée : certains vont acheter du pain, cuisiner, se changer, etc. Rangez votre ordinateur afin de délimiter physiquement les espaces.

- **Fixer des plages horaires d'indisponibilité** – et inciter les autres à le faire. L'ultrasollicitation digitale génère du stress. Entre les e-mails de ceux qui ont besoin de communiquer davantage à distance, les messages WhatsApp des collègues qui aiment partager des blagues comme à la cafet' et les informations clés que vous auriez eues de visu dans les bureaux et que vous ne voulez pas rater, les sollicitations sont nombreuses. Pouvoir vous dire que, pendant deux heures, vous allez vous concentrer sur vos tâches sans recevoir d'appels ou de notifications est nécessaire pour diminuer la charge mentale.

- **Fixer les règles d'utilisation des outils de messagerie.** De peur de rater une information clé, nous sommes connectés en permanence sur tous nos outils. S'il y a une urgence ou une information importante, quel canal utiliser ? Si c'est pour partager une anecdote rigolote, quel canal privilégier ? Clarifiez les règles avec votre manager, vos collaborateurs et collègues.

- **Respecter l'intimité des autres.** Le digital permet de se connecter à tout instant avec ses équipes, et la vidéo personnalise la relation en faisant passer les émotions, le sourire, l'inquiétude. Attention toutefois à ne pas en abuser et à respecter l'intimité des personnes travaillant à domicile et qui ne souhaitent pas trop souvent être « vues » dans leur environnement.

## LA MINUTE #LAWEBOX

Perdre du temps pour en gagner ? Sans pause, votre cerveau est moins efficace. Pause-café, pause-potins, pause-goûter, etc. S'arrêter 10 minutes entre deux activités énergivores est vital pour votre corps et votre cerveau. Quand les planifiez-vous aujourd'hui ? Faites votre pause maintenant ou convenez avec un collègue d'un moment d'échange pour en faire une ensemble.

## 6. S'ENTRAÎNER COLLECTIVEMENT À LÂCHER PRISE POUR GÉRER L'INCERTITUDE

À distance, nous éprouvons parfois un profond sentiment de solitude et l'impression de ne pas savoir où nous allons. Pour peu que le télétravail soit contraint – comme dans le cas de la crise sanitaire liée à la Covid19, le doute nous habite. Collaborer à distance est une mission remplie d'incertitude, et cette ignorance nécessite de répondre sans cesse à des situations inattendues.

Cette incertitude est notre lot quotidien et le sera de plus en plus. Comment la gérer à distance, sans la proximité de nos collègues qui réchauffe le cœur et permet de partager, de se questionner voire de se rassurer au quotidien ? Un événement organisé sur ce sujet par laWEbox avec Joëlle Boutier* et David Krupsky**, du cabinet de conseil HR Path Advice***, a permis de se pencher sur les compétences nécessaires pour y parvenir. Elles sont au nombre de cinq.

- **Donner du sens, de la perspective, et fédérer en continu.** Cela nécessite d'avoir un minimum de leadership pour donner une vision au projet de l'équipe, de connaître et détecter les leviers de motivation de ses collègues, de prendre du recul sur le sens de ses actions. Ce sens de la perspective fait partie des fondamentaux pour booster les équipes à distance et répondre à la question qui vous a sans doute traversé l'esprit, en tant que collaborateur, pendant les confinements : « Finalement, à quoi est-ce que je sers ? »

- **Gérer les priorités avec souplesse sans perdre de vue l'efficacité.** Cette compétence fait appel à votre sens de l'organisation et votre capacité d'analyse pour identifier les données clés, rester focalisé sur le sens de l'objectif donné et savoir décider. Ces points seront détaillés dans le chapitre sur la gestion des projets

---

* Senior manager et coach chez HR Path Advice.
** Directeur associé Practice People & Change chez HR Path Advice.
*** www.hr-path.com/fr

(chapitre 4). La souplesse, qui permet de mettre de l'huile dans les rouages, découlera de votre capacité à faire équipe, à être le premier fan de votre équipe, à veiller sur les autres, à encourager ce qui les motive dans vos projets et vos échanges. Elle découlera également de l'empathie dont vous ferez preuve vis-à-vis des autres grâce aux liens créés et entretenus pour que l'équipe donne le meilleur d'elle-même (détaillés dans le chapitre 3 dédié à l'esprit d'équipe).

- **Communiquer avec impact.** Cette compétence met en jeu votre capacité à écouter, à faire du feedback, être assertif*. C'est aussi savoir adapter son discours de manière stratégique, par une prise de recul, en fonction des interlocuteurs et des situations.

- **S'adapter au changement.** Les changements incessants étant devenus la norme, cela nécessite une bonne capacité de résilience, de l'autonomie et une prise de recul pour mieux analyser les situations afin de prendre les décisions qui s'imposent. « Les capitaines des armées managent constamment dans l'incertitude et le constatent : les gens se souviennent toujours de la façon dont nous avons réagi face au chaos. Certains se mettent à l'abri, d'autres occupent le terrain, prennent le leadership, etc., et ça marque. [...] Sans renier le monde d'avant, accepter que les recettes du passé ne fonctionnent plus, c'est gagner en résilience. » Et vous, comment réagissez-vous face au changement ?

- **Gérer ses émotions et celles de ses collègues ou de son équipe.** Face à l'incertitude, des peurs et du stress peuvent émerger. Il faut d'abord savoir reconnaître ses émotions et les sources de stress, afin d'agir ensuite de façon adaptée. Écoute et empathie sont nécessaires en équipe, et rendues possibles par une prise de recul sur les événements.

Avez-vous remarqué combien la notion de prise de recul revient fréquemment dans ces cinq compétences clés pour naviguer dans l'incertitude ? Penchons-nous sur ce qui peut l'enclencher et l'accélérer. Une

* Faire preuve d'assertivité consiste à s'affirmer et à défendre ses idées sans empiéter sur le terrain d'autrui.

démarche de questionnement favorise la prise de recul, elle permet de générer une discussion et évite de tourner en rond dans ses pensées. Des questions puissantes peuvent être posées, en auto-introspection, en *one to one* ou collectivement. Testez celles-ci sur une situation donnée. Vous en trouverez forcément une pour vous aider à prendre du recul (sinon, écrivez-moi !*).

- Qu'est-ce qu'un succès ou un échec ? Qu'y a-t-il de positif dans cette situation ? Laquelle de mes/nos qualités est/sont utile(s) pour y faire face ? Qu'est-ce que j'apprends/qu'apprenons-nous de cette situation ? Quel a été mon/notre rôle ? Certaines personnes ont-elles contribué à altérer ma/notre confiance face à cette situation ? Si oui, comment les éviter ?

- Quelles conséquences aura cette situation ? Est-ce si dramatique ? Ai-je un moyen d'agir sur cette situation ou suis-je contraint de la subir ? Quels sont mes différents leviers ? Est-ce une situation de pression récurrente ou ponctuelle ? Est-elle contrôlable ou incontrôlable ? Dois-je me confronter à cette situation ou puis-je l'éviter ?

- Quelle est la situation qui me/nous met sous pression ? Qu'ai-je/qu'avons-nous ressenti ? Sur le moment, qu'est-ce que je me suis dit ? Quel a été mon raisonnement ? Qu'est-ce qui me fait dire que j'étais sous le coup de l'émotion ? Ai-je ressenti des signes physiques liés à cette émotion qui monte ? Qu'ai-je fait ? Ai-je eu un comportement automatique ? Que s'est-il passé ensuite ? Quel aurait pu être mon comportement plus stratégique et plus adapté à la situation ?

- Comment me suis-je assuré de l'état d'esprit et du bien-être des collègues avec qui je travaille ? Par quelles émotions je suis (sommes-nous) passé(s) pendant telle période ?

- Est-ce que je me fixe des objectifs et des priorités au quotidien ? Chaque membre de l'équipe a-t-il un cadre de travail clair ? Suis-je

* Voici mon adresse e-mail : alexia@lawebox.com. Je serais ravie d'avoir votre retour d'expérience sur ce questionnement.

satisfait de mes prises de parole, de l'efficacité de ma communication ? Les messages clés utiles pour l'équipe sont-ils intégrés par tous ?

## 7. S'OUTILLER

Les outils digitaux sont très utiles pour « augmenter » l'efficacité de vos projets. Vous avez besoin de devenir un cador d'un panel d'outils indispensables à la collaboration à distance. En voici quelques-uns.

- Il y a **beaucoup d'outils de visioconférence** et l'épreuve du feu qu'ont été les confinements vous en aura sans doute fait connaître plusieurs : Google Meet, Teams, Zoom ou Whereby. Certains permettent de créer des sous-groupes virtuels de discussion au milieu d'une réunion, comme Zoom ou Hopin.

- Connectez-vous à ces outils **depuis votre ordinateur** plutôt qu'avec votre tablette ou votre téléphone, car les fonctionnalités y sont plus riches – par exemple, pour voir tous les participants en mosaïque. Zoom permet de voir une vingtaine de participants, ce qui est plus convivial. Avec Teams, vous pouvez choisir facilement des fonds d'écrans pour cacher votre éventuel bazar personnel.

- Colibri est un **site gratuit d'intelligence collective.** On y crée son tableau blanc, qui peut être partagé par un lien html avec ses collègues. Chacun y pose un Post-it® virtuel en réponse à une question. Rapidement les réponses s'affichent et les idées fusent ! Attention cependant : si vous êtes plus de 10 et que tout le monde saisit son Post-it® en même temps, ce n'est pas fluide.

- Il existe des **outils pour faire des quiz** comme Klaxoon ou Kahoot. Klaxoon dispose d'une palette d'outils de coopération à distance (tableaux blancs, quiz, nuages de mots, etc.). La plupart des outils de visioconférence proposent également la fonctionnalité des quiz très appréciée.

- D'autres **outils pour créer un tableau blanc** m'ont été recommandés, comme Stormz ou Realtime Board.

- Pour le **management visuel**, un outil comme Trello est très fréquemment utilisé. Planner ou OneNote sont **également** intéressants.

- Pour **coconstruire une réflexion plus complète** qu'avec de simples Post-it®, pensez aussi aux outils de mindmaping (ou cartes heuristiques). C'est une technique de représentation en arborescence d'informations, arguments et idées qui aide à la prise de notes et au brainstorming. Certains utilisent cette technique pour visualiser leur prise de parole en public. Mindmanager, Mindmeister ou Realtime Board facilitent l'utilisation de cette technique originale et efficace.

## 8. ALIMENTER L'AUDACE, ALIMENTER L'INNOVATION

Si l'on se projette à moyen terme, le télétravail à haute dose freine la capacité à innover et à résoudre des problèmes complexes. La diminution du nombre de nouveautés, collections, innovations est un des impacts réels – même s'il est moins visible « à chaud » – de la crise sanitaire sur l'industrie. Pourtant, cette perte de dynamique est un enjeu sociétal majeur. Chacun à notre échelle nous pouvons contribuer à éviter que cette énergie de l'entreprise ne disparaisse.

> *La sérendipité* vient rarement en restant assis sur sa chaise et l'audace collective se ramollit en visio.*

Savez-vous que 75 % des salariés d'entreprises reconnues comme innovantes estiment qu'il est normal de faire des erreurs, contre 40 % dans les autres structures[18] ? Cela vous fait doucement rire ou rêver ? *Back to reality* : un des grands risques du travail à distance, c'est de perdre sa capacité à innover, à résoudre des problèmes complexes et à prendre des risques.

* Aptitude à faire par hasard une découverte inattendue et à en saisir l'utilité.

Prenez le temps de regarder sur le Net la vidéo de Laurent Bibard sur les contradictions objectives[19]. Dans son intervention, cet enseignant à l'Essec insiste sur la nécessité d'être en permanence ouverts à l'incertitude pour faire face à la transformation quotidienne du monde. Répéter par réflexe ce que l'on sait faire – car « c'est en pratiquant que vient la compétence » – est normal et sécurisant. Mais l'avenir est incertain, plein d'inattendu. Or, en se limitant à ce que l'on sait déjà parfaitement exécuter, on devient incapables de s'ouvrir à l'improvisation, à la flexibilité, à la nouveauté.

En attendant de former la prochaine génération à l'audace, il est possible – voire urgent – d'innover à distance. Voici les étapes clés d'un processus d'innovation virtuel. Adaptez-le à votre fonctionnement d'équipe pour proposer de nouveaux rituels, produits, solutions clients, etc. Soyez vigilants à associer vos collègues et votre équipe à ces opportunités de discussion décalées – ceux qui sont en télétravail comme ceux qui sont sur site.

- **Organiser un cadre d'innovation :** des réunions de brainstorming mensuelles, des règles sur les sujets à discuter, le cadre dans lequel les équipes peuvent innover, les limites jusqu'où elles peuvent aller. Explicitez ces règles et limites pour éviter de mettre les équipes ou les individus en situation de risque – collectif ou individuel. Participer à plus de brainstormings permet à chacun de cultiver sa créativité et de renforcer les liens entre les personnes.

- **Chercher des « problèmes à résoudre » plutôt que des « idées innovantes ».** À cet effet, la technique qui consiste à se questionner cinq fois de suite pour chercher le pourquoi des problèmes est assez efficace et facile à organiser à distance. Cherchez en effet la première cause de votre problème, le « pourquoi » de votre première réponse (c'est ainsi car..., mais pourquoi ?). Puis questionnez la cause de cette cause, « pourquoi » cette réponse. Si vous butez sur un « pourquoi » difficile à expliquer et que vous ne parvenez pas à itérer cinq fois le questionnement, demandez de l'aide aux parties prenantes de votre « problème à résoudre » et itérez tous ensemble en quête de la cause profonde. Choisissez un problème lié à votre organisation, votre projet, votre marché ou votre prospection commerciale et challengez-le en équipe pour le résoudre. Trouver une idée, c'est aussi chercher un manque dans le quotidien, une rupture technologique qui permet une avancée dans les usages, un changement réglementaire qui offre une opportunité. Nous avons ainsi participé chez Orange à un « mur des problématiques » virtuel où chaque résident expose son problème clé pour le soumettre à un partage de propositions.

*Ce type de session permet de « transformer les pépins en pépite », pour citer les mots d'un utilisateur de la WEbox.*

## LA MINUTE #LAWEBOX

Au sein de laWEbox, nous animons au moins un brainstorming par mois dès que l'un de nous se pose une question majeure. Chacun peut arriver avec un problème à résoudre et trois pistes de résolution. Si vous n'avez pas de problème à résoudre, réfléchissez en équipe sur ces choses que vous faites et qui ne servent à rien. On en a tous et cela fait du bien de s'en débarrasser.

- **Aérer ses neurones en regardant comment font les autres.** Vous pouvez, par exemple, lancer un débat en équipe sur les conséquences positives du flop commercial de l'Airbus A380 ? Renseignez-vous sur ce cas d'école dont les enseignements sont très inspirants*.

* Les ingénieurs qui travaillaient sur ce projet sont allés au bout d'une innovation dingue et d'une ambition forte, jusqu'à parvenir à une réussite technologique qui a surpassé toutes les difficultés rencontrées pour un avion de cette taille. Durant toutes les étapes du projet, ils ont pensé et agi rapidement, en mode agile, avec des experts du monde entier. Ils ont généré une prise de conscience collective sur l'impact carbone et ont dû s'arrêter commercialement. Techniquement, ce fut un succès. Ils ont optimisé la logistique aéroportuaire pour accueillir plus de monde dans un même avion et ont poussé à l'extrême la logique du Project Management Office (PMO). Ce fut une vitrine technologique. Un autre apprentissage de cette expérience fut de mieux écouter les besoins des utilisateurs qui exprimaient que *Big is not the best*. Ils ont ainsi su décider d'arrêter le projet suffisamment tôt.

### LA MINUTE #LAWEBOX

Comment vous sentez-vous lorsque vous proposez une idée professionnelle inattendue ?

- **Fixer la règle d'or d'une action collective.** Pour ces temps de brainstorming, tout le monde doit lâcher ses autres occupations et se concentrer sur la réflexion suggérée pour résoudre le problème du jour.

- ***Test and learn !*** Une fois que vous détenez une idée de progrès pour l'équipe ou le projet, découpez celle-ci en petites étapes concrètes, testez à petite échelle pour cumuler des victoires et, surtout, écoutez le *feedback* des utilisateurs. Goûtez à la culture de l'erreur et célébrez les flops à petite échelle. Dans ces conditions, c'est *fun to fail* (amusant d'échouer). Corrigez et renouvelez cette démarche régulièrement.

Entraînez-vous ainsi, et vous resterez au fait des innovations et des besoins de vos interlocuteurs.

Vous connaissez désormais les huit clés pour éviter le décrochage. Vous allez maintenant pouvoir les décliner dans votre quotidien, en réunion, lors de l'accueil d'un nouvel arrivant, dans la vie de vos projets, etc. Les prochains chapitres sont l'occasion d'examiner comment les mettre en œuvre.

> *« La simplicité est la sophistication suprême. »*
> — Léonard de Vinci.

# Quelles actions pour quel levier ?

Pour vous permettre d'avoir une vue d'ensemble sur le grand bain du télétravail, j'ai identifié pour vous les actions les plus adaptées à chacun des leviers. Cette liste est un kit de démarrage. Les différentes actions proposées ne sont jamais parfaitement étanches et certaines peuvent donc s'adapter à plusieurs leviers. Plus vous serez devenu agile dans la pratique du travail d'équipe à distance, plus vous trouverez plaisir à les faire glisser d'un levier à l'autre !

## Levier 1. Pour mieux comprendre les autres, explorer tous les indices

15. Ne pas dépasser 50 % d'informations descendantes
16. Éviter les non-dits et se préparer à les partager
17. Être vigilant aux biais cognitifs
22. Faire systématiquement le point sur la météo du jour
23. Inviter chacun à se positionner dans un rôle
24. Pour un recadrage, décliner la méthode du « Bravo pour… »
25. Aller chercher du feedback à chaud en fin de discussion
34. Utiliser la méthode des 3 A
35. Décliner le feedback avec MATI
36. Décliner le feedback avec « J'ai… »
47. Prendre régulièrement le pouls des équipes
74. Intégrer l'intelligence émotionnelle dans la délégation
79. Veiller à bien comprendre ce qui est demandé – le sens de votre présence

103. Se questionner pour éviter le malaise quand ça arrive

## Levier 2. Veiller à ne pas négliger la relation avec ses interlocuteurs

3. Relever la tête
12. Introduire un peu plus d'humour
18. Créer la rencontre
26. Utiliser le questionnement ouvert
27. Partager dans un *chat*
31. Appeler vos interlocuteurs, à froid
42. Prendre son téléphone juste pour demander des nouvelles ou féliciter
43. Incarner la culture d'entreprise, même à distance
46. Saluer son équipe tous les jours
50. Intégrer les nouveaux collègues dans une réelle ambiance à distance
55. Organiser la première semaine du « nouveau venu »
63. Appeler une personne différente par semaine
96. Être attentif à l'arrivée de chacun
109. Se souvenir que tout le monde est utile et doit contribuer
129. Redonner de la profondeur au « Comment ça va ? »

## Levier 3. Focaliser son énergie pour communiquer davantage et mieux

1. Faire le plus court possible
5. Créer les conditions optimales pour favoriser votre concentration
14. Moderniser votre image dès la première seconde
19. Aller chercher le feedback dans toutes les occasions d'interaction
20. S'entraîner au feedback
21. Donner du feedback avec la méthode du « Bravo pour… parce que… »
29. Aller chercher du feedback quand personne ne parle
32. Demander un mot pour résumer la session
44. Préciser ses propos
45. Célébrer un événement professionnel

78. Devenir ou prévoir un *community manager*
80. Inutile de râler si quelque chose vous tracasse
83. Prévoir du temps pour bien se préparer
84. Contacter les participants en amont
89. Respecter les fondamentaux d'une réunion d'ampleur à distance
90. Se créer un minipublic pour être plus vivant
102. Rythmer ses interventions dès la première minute de connexion
106. Rappeler le sens de la présence de chacun
107. Clochette, gardien du sens, silence : trouver son style
122. Aller au bureau pour former les plus jeunes

## Levier 4. Mettre en place les conditions de la confiance

6. S'organiser pour être à l'heure
7. Préparer une phrase, une attention, un petit mot pour votre interlocuteur
8. S'exprimer au mieux… avec les mains
11. Exprimer son ressenti avec simplicité et sobriété
28. Questionner de façon quantitative
30. Compléter les feedbacks sur les sources de progrès par des feedbacks de félicitations
39. Se former à la conversation courageuse
51. Demander du feedback aux jeunes recrues
54. Prendre les devants quand on est le « petit nouveau »
69. Définir un cadre clair sur le fonctionnement de l'équipe
87. Veiller au choix des participants et ajuster leur nombre au format
97. Inviter de façon informelle à célébrer les succès en équipe
105. Inciter le groupe à trouver les indicateurs clés du suivi du projet de la réunion
108. Veiller à respecter les points clés sur le fond
121. Cadrer le fonctionnement de la *team* hybride

## Levier 5. Créer de vraies respirations pour avoir un temps de travail circonscrit

2. Allumer les caméras pour voir les sourires
4. Se mettre à l'aise sans tomber dans le laisser-aller
41. Créer des rituels de convivialité
48. Donner vie à une culture d'équipe qui vous ressemble
65. Optimisez la gestion du temps pour éviter l'épuisement
100. S'évader quelques minutes pour mieux revenir
101. Se reconnecter à son corps et faire des pauses
115. Aller dans un bureau pour retrouver un cadre de travail efficace
117. Aller au bureau pour limiter l'addiction au travail et sacraliser des temps de respiration
33. Tester la méthode *Keep-Start-Stop*

## Levier 6. S'entraîner collectivement à lâcher prise pour gérer l'incertitude

57. Inclure une variable d'équipe dans la rémunération
58. Utiliser les cartes de motivation pour booster sa motivation à distance
59. Se motiver, ça commence par manager son manager
60. Adapter les réunions en fonction des leviers de motivation des collègues et des équipes
61. Donner du sens, favoriser l'autonomie et créer de l'interaction pour motiver ses collègues
62. Motiver par les forces pour donner envie de performance
94. Animer des *icebreakers* (brise-glace)
95. Briser la glace dans le cas d'une réunion à l'international
98. Contribuer en facilitant le bon déroulé du meeting
99. Rester concentré et positif
114. Mesurer les forces et progresser

## Levier 7. S’outiller

9. Formats : varier les plaisirs
13. Investir dans du matériel
52. Financer des kits de télétravail
64. Optimiser la gestion des e-mails pour éviter l’épuisement
68. Donner accès à l’information avec humilité pour mettre les équipes en confiance
70. Clarifier les indicateurs de performance de chacun
71. Former tout le monde aux bilans comptables
72. Créer des rituels de suivi factuel des projets
73. Fixer des objectifs à court terme pour avancer
75. Déployer du management visuel 3.0
76. Arrêter les présentations formelles et oublier les supports PowerPoint
77. Expérimenter des outils digitaux innovants
86. S’assurer que les outils sont accessibles à tous
91. Utiliser la puissance des interventions en double écran.
92. Prolonger la réunion pour être transformatif
93. Vérifier que la logistique fonctionne le jour J
110. Reboucler sur toutes les étapes indispensables pour une réunion virtuelle efficace
111. Systématiser le feedback des participants en fin de réunion
112. Soigner le fond et la forme du compte rendu
113. Suivre en solo son ROTI de la réunion
124. Obtenir de l’aide de son DRH
125. Obtenir de l’aide de son DSI

## Levier 8. Alimenter l’audace, alimenter l’innovation

10. Poser des questions
37. Demander à chaque participant de se résumer par un dessin
38. Tenter le *speed boat* si vous avez plus de temps
40. Transformer le feedback en *feedforward*
49. Embarquer sans chichi les jeunes recrues en télé-rendez-vous

53. Créer des binômes voire plus
56. Proposer de choisir un thème exploratoire hors fiche de poste
66. Pour alimenter l'audace et l'innovation, utiliser la force du « Pourquoi » pour trouver la vraie source des problèmes
67. Pour alimenter encore mieux l'audace et l'innovation, prendre à bras-le-corps les problèmes récurrents
81. Annuler ou raccourcir des réunions
82. Organiser sa réunion en binôme
85. Investir du temps pour expliquer le « pourquoi » de la réunion
88. Envoyer un ordre du jour sous forme de questions
104. Inciter, à son niveau, le groupe à statuer
116. Utiliser les tiers lieux pour retrouver l'intelligence collective
118. Aller au bureau pour y réaliser certaines tâches spécifiques
119. Aller au bureau pour se retrouver en face-à-face
120. Aller au bureau pour réseauter en physique ou pour le prestige
123. Suivre la tendance de la régionalisation
126. Organiser des retours d'expériences
127. Structurer l'apprentissage entre pairs : le *peer learning*
128. Mettre en place un groupe de codéveloppement

# Chapitre 2

# Comment interagir à distance ?

Le premier risque visible du télétravail, c'est de s'accrocher à l'idée que produire seul est plus efficace. Sur la durée, ça ne tient pas.

La production de tâches répétitives connues est aisée à distance. L'impression d'être alors plus efficace, parce que moins dérangé, est un piège qui mène petit à petit vers l'isolement, au détriment de l'efficacité collective. C'est pourquoi il est important de maintenir les interactions et de structurer les échanges pour continuer de « faire équipe ».

Finis les partages informels en présentiel ? À l'inverse, vous avez le sentiment de subir ces interactions ? Que tout le monde s'immisce les uns chez les autres ? Que votre manager rentre dans votre intimité ? Pas de panique : il existe a une autre forme de vie d'équipe en dehors des téléréunions formelles, et c'est précisément l'objet de ce chapitre.

Qu'il s'agisse de *calls*, de points informels, de séances de travail, de réunions d'équipe, etc., voici les fondamentaux pour interagir professionnellement à distance. C'est parti.

## POINTS, CALLS, DEBRIEF, SESSIONS DE TRAVAIL : ÉVITER D'ÊTRE TÉLÉ-SEULS TOUS ENSEMBLE

### PETITES ACTIONS du quotidien

#### 1 Faire le plus court possible

Tentez des meetings rapides. Le risque à distance étant le décrochage, essayez un format rapide de 15 à 30 minutes pour vos points réguliers voire quotidiens. Certaines réunions de travail se prêtent davantage à prendre le temps du partage, alors que d'autres points projets sont plus efficaces en format rapide. Inspirez-vous des techniques « agiles » en invitant chacun à synthétiser son action de la journée ou de la semaine en quelques chiffres ou faits. Ainsi tout le monde peut s'exprimer et informer le reste de l'équipe de son avancement. Allez à l'essentiel en communiquant vos tops et vos flops de la semaine, les faits marquants, et demandez un feedback aux participants pour faire avancer les sujets et créer un sentiment d'appartenance à l'équipe.

### LA MINUTE #LAWEBOX

**Je prends une feuille et je liste mes TOPS et mes FLOPS de la semaine.**

La contrainte de tenter de faire le plus rapide possible impose d'aller à l'essentiel. C'est un exercice intéressant, notamment pour les rituels de suivi des projets. Le format court permet de garder la dynamique et la concentration des participants. Ainsi, au fil des confinements, de nombreuses réunions générales à rallonge où chacun se gargarisait de ses réalisations se sont transformées en points concis, à la plus grande joie des participants.

Je constate que, lorsque les points dépassent une heure, la tentation est grande de produire en direct ce qui fait l'objet de la réunion informelle. Il vous est peut-être arrivé qu'un point abordé en vision – une modification de support de communication, un calcul dans un tableau Excel, un contact cherché dans une base, etc. – soit immédiatement produit par un membre de l'équipe pendant que les autres, en patientant, checkent leurs e-mails ? C'est un peu comme si un point d'équipe permettait de tenir la main de celui qui produisait. Pourtant, ce n'est pas le but, à moins qu'il s'agisse effectivement d'un exercice d'accompagnement. Si vous sentez cette dérive chronophage, n'hésitez pas à souligner avec humour et bienveillance l'importance de rester concentrés sur l'objectif de la réunion.

Certains types de besoins ne se prêtent cependant pas aux formats courts. La vie professionnelle n'est pas un défilé d'*elevator pitch**! Un moment convivial de célébration de fin d'année, un brainstorming créatif, la résolution de problèmes complexes nécessitent des formats plus longs. Des techniques seront notamment abordées au chapitre 5 pour maintenir la dynamique dans l'équipe lors d'une réunion à distance (interactions, *icebreakers*, feedback, pauses, etc.).

## 2 Allumer les caméras pour voir les sourires

Au fil de semaines, la distance coupe les liens entre les participants, l'ambiance devient triste et les échanges moins efficaces. Allumez votre caméra et suggérez de faire des visioconférences *avec la vidéo* pour voir vos interlocuteurs. Cela améliore la qualité de présence et la tonalité des échanges. L'objectif est de pouvoir ainsi mieux interagir tous ensemble.

Cicéron écrivait que la vue est le sens le plus aiguisé chez les humains. C'est celui qui permet de décoder et d'interpréter au mieux les informations. Or, la transmission et la captation des signaux faibles entre les participants sont ce qui fait le plus défaut en télétravail.

Si vous êtes l'organisateur d'une séance de travail, rappelez-vous que celui qui n'active jamais sa caméra est peut-être en train de décrocher. Si vous avez besoin de la complète présence de votre interlocuteur, *osez demander spécifiquement* que sa caméra soit allumée : la vidéo permet d'adopter une communication verbale plus visible, facilite les liens, la présence de chacun dans les échanges. Respectez toutefois les désirs de certains de ne pas l'activer systématiquement.

Kervin, manager de laWEbox, me confie : « Beaucoup de gens me disent ne pas allumer la caméra, car ils n'aiment pas se voir en miroir dans les visio. Souvent, on voit les mines fermées, concentrées, sérieuses des participants et cela peut faire peur. Pourtant, si personne n'aimait son image dans le miroir, tout le monde resterait cloîtré chez soi ! Je leur propose de se questionner : quand êtes-vous le plus à votre avantage ? Lorsque vous

* En référence à la façon dont les entrepreneurs se préparent à présenter leur projet avec impact en une, deux ou cinq minutes maximum, le temps d'un trajet en ascenseur avec leur interlocuteur.

souriez ! » Kervin partagea alors son astuce pour inciter à allumer les caméras : coller juste à côté de l'objectif de la caméra un Post-it® sur lequel on griffonne un sourire. Avec ce *smiley* en permanence sous les yeux, comme Kervin vous répondrez par un sourire : c'est mécanique !

## 3 Relever la tête

Pour capter votre auditoire quand vous prenez la parole, regardez la caméra de votre ordinateur et non vos notes. « Écouter parler » le sommet de votre crâne est beaucoup moins engageant que de vous voir dans les yeux. Si vous avez besoin de lire vos notes, faites-les défiler sur un document Word sur l'écran, en vous assurant que les phrases que vous souhaitez lire sont au plus près de la webcam.

## 4 Se mettre à l'aise sans tomber dans le laisser-aller

Quand vous vous connectez pour interagir à distance, veillez d'abord à respecter vos besoins vitaux en ayant toujours à portée de main de l'eau, un carnet et des crayons. Prenez une feuille pour dresser la check-list de ce dont vous avez besoin pour vous sentir à l'aise – sans oublier la bouée de survie si l'ambiance promet d'être tendue : photos, bonbons, un joli stylo, un plaid douillet, des chaussons pour une visio, etc.

- **Trouvez une table ou un bureau à la bonne hauteur.** Pourquoi ne pas transformer une table à repasser en bureau ? Vous pourrez ainsi trouver votre hauteur adéquate et ranger facilement votre « bureau » en fin de journée.

- **Installez-vous bien au fond de votre chaise** pour éviter les tensions musculaires et mettre toute votre énergie dans votre présence et votre contribution avec votre interlocuteur. Les chaussons sont devenus l'objet fétiche des télétravailleurs.

- **Certains se focalisent sur le confort :** « La clé c'est d'avoir des vêtements confortables où je me sens bien. » Bien sûr, cela pourra varier selon les enjeux de la rencontre.

- **Choisissez un environnement neutre :** fond blanc peu encombré, siège agréable, champ de vision avec vue sur quelque chose que vous aimez – ou utilisez un fond artificiel. Tous les outils de visioconférences permettent d'intégrer un arrière-plan représentant une image *corporate* qui incarne votre entreprise, un fond de bureau, un paysage, voire une image humoristique !

- **Assurez-vous que vous connaissez tout le monde et que vous savez qui fait quoi.** Dans le cas contraire, il faudra le demander : « Je suis désolée, je ne connais pas tout le monde, peut-on faire un rapide "tour de table*" pour se présenter et comprendre qui fait quoi dans le projet ? »

- **Si l'ambiance est tendue,** gardez le silence pendant les deux premières minutes de l'échange. Cela permet de démarrer plus serein.

- **Mettez-vous dans un état d'esprit positif** pour contribuer à faire de la discussion un succès. Avoir la pêche est la base de la vie en collectivité, c'est ce qui donne envie de collaborer. Travailler dur ne veut pas dire faire la gueule.

- **Si le contexte le permet,** testez la position la plus adaptée pour un cerveau au top de son efficacité. Les scientifiques de la Nasa ont qualifié de « zéro gravité » la position semi-allongée à 127 degrés. Une posture naturelle pour les astronautes en situation d'apesanteur parce que c'est celle qui nécessite le moins d'énergie pour réfléchir. En télétravail, cela libère le cerveau. Pensez aux adolescents vautrés et osez les canapés ou poufs pour être... plus efficace !

Être à l'aise ne signifie pas de se laisser aller. Je suis surprise par la quantité de visio réalisées avec des interlocuteurs débraillés. Cela peut passer pendant le confinement, et encore ! Tout dépend des métiers et des interlocuteurs. En visio, notre posture envoie un message. Anticipez l'image que vous renvoyez : n'oubliez pas que vous êtes en situation de travail.

---

* Et oui, on parle toujours de « tour de table », même à distance !

### LA MINUTE #LAWEBOX

Dans quelle pièce ou lieu de coworking j'aime télétravailler ? Pourquoi ne pas changer de lieu pour ma prochaine réunion ?

## 5 Créer les conditions optimales pour favoriser votre concentration

Éviter les *Zoomfails** est le grand challenge des visio qui s'enchaînent : comme tout un chacun, vous avez sans doute en tête une anecdote cocasse qui fait suite à un moment d'égarement à distance, quand des participants hurlent sur leurs enfants en oubliant que le micro est activé ou changent de chemise en oubliant qu'ils sont filmés. Sans compter les étudiants pris en flagrant délit de suivre un cours depuis leur lit, caméra allumée, ou les enfants qui débarquent en plein conseil d'administration. Un juge au Texas a même été coincé dans un filtre le transformant en chat en pleine audience à distance. Bref, prévoyez de rester concentré et de ne pas être dérangé.

## 6 S'organiser pour être à l'heure

J'ai remarqué qu'une vertu du télétravail est la ponctualité beaucoup plus fréquente des participants. À l'inverse, beaucoup ont moins de scrupules pour s'éclipser avant la fin !

Respecter les horaires, c'est respecter les autres. L'erreur à éviter : se connecter régulièrement en retard et en faire une habitude pour zapper la partie introductive, le tour de table ou les moments informels qui font partie de la vie d'une équipe. Ces moments de politesse et de discussions informelles ou conviviales permettent de créer de la relation avec les autres participants, gage d'engagement de tous dans la suite des interactions.

Si vous n'en ressentez pas le besoin personnellement, vous vous devez de participer au fonctionnement collectif en tant que membre du groupe.

---

* En référence aux erreurs de manipulation sur les outils de visioconférences comme Zoom.

Vous êtes prêt avant l'heure ? Observez l'état d'esprit dans lequel cela vous plonge : vous êtes sans doute plus détendu et plus serein qu'à l'accoutumée.

Être ponctuel, c'est aussi se montrer vigilant à la ponctualité des autres pour démarrer à l'heure. Sans devenir non plus psychorigide !

## 7 Préparer une phrase, une attention, un petit mot pour votre interlocuteur

Prendre soin des autres et soigner l'accueil des participants et des collègues, c'est fondamental pour donner le sourire. Préparez pour chacun une phrase, une attention, un petit mot : « Bienvenue Michel, comment vas-tu, quelles sont les nouvelles à Lyon ? », « Bonjour Margot, merci pour ton e-mail ce matin. Je n'ai pas encore répondu, mais j'ai noté beaucoup d'idées », etc. Cette bonne pratique se fait naturellement en présentiel, mais exige d'être anticipée dans les échanges à distance. Donc prévoyez ce moment, structurez-le au besoin, cela sera apprécié.

Le *small talking* désigne les petites conversations informelles qui créent du lien en toute simplicité. Par exemple : « Bienvenue Michel, on était en train de discuter des conséquences positives du discours du président hier. Untel disait que... » Cette modalité offre trois bénéfices :

- elle évite le blanc inconfortable lorsqu'on attend un interlocuteur avant de commencer ;
- elle inonde l'auditoire d'ondes positives ;
- elle crée du lien dans le groupe, et tout le monde sera ensuite mieux engagé dans les échanges.

Saluer les efforts observés et les bonnes nouvelles dès le démarrage d'une discussion n'est pas naturel pour ceux qui se focalisent sur les sujets techniques. Pourtant, cela reste primordial. Une amie me confiait avec humour que, sans ces échanges informels, les réunions à distance avaient tendance à ressembler à des séances de spiritisme : « Marion, es-tu là ? Si tu es là fais-nous signe ! »

LA MINUTE #LAWEBOX

Allez, démarrez votre prochain échange à distance ainsi : « Avant de démarrer je voulais vous dire bravo pour… car… »

## 8 S'exprimer au mieux… avec les mains

Coupures, lenteur, décalages de son, etc. Comment optimiser les échanges pour communiquer de façon efficace ? Des codes se sont imposés petit à petit durant les visioconférences pour exprimer son point de vue ou faire passer un message sans interrompre celui qui parle.

Imaginez que vous devez vous exprimer avec quelqu'un qui parle mal votre langue ou dans une pièce très bruyante. Comment allez-vous faire ?

Pouce en l'air si vous êtes OK, pouce en bas sinon, main derrière l'oreille pour exprimer que vous n'entendez pas, main levée pour demander la parole, mains en T pour demander une pause, tous ces gestes apportent de la clarté dans les échanges à distance.

Un « coucou » avec les mains pour se dire bonjour ou au revoir est bien plus sympathique qu'un salut statique. Privilégiez aussi le langage corporel quand vous pouvez éviter de couper le speaker pour exprimer quelque chose de court ou si vous êtes nombreux.

## 9 Formats : varier les plaisirs

Avec ou sans PowerPoint ? D'une durée de 15 minutes chaque semaine en envoyant les informations clés en amont ? Un format classique d'une heure ou un brainstorming-atelier de deux heures ? Avec des sous-groupes de discussion et de l'interaction ? Avec une partie descendante d'informations ? Un format inversé où vous envoyez les documents en amont pour consacrer la réunion aux questions ? Un théâtre forum pour se mettre dans la peau de personnages et résoudre collectivement des problèmes ?

Tous ces formats s'adaptent à distance. Cela représente du travail et une approche expérimentale pour trouver la formule qui convient. Mais varier les formats et les outils permet de maintenir l'intérêt, la curiosité et la concentration des participants. Testez régulièrement de nouveaux formats et conservez ceux qui correspondent à votre style et à celui de l'équipe.

## 10 Poser des questions

« Veuillez m'excuser, j'ai une question », « Puis-je poser une question ? », « Je n'ai pas compris les prochaines étapes », « Peut-on repréciser la répartition des rôles ? ». Toutes les formes de questionnement permettent de contribuer activement aux discussions, d'avoir votre place dans les échanges.

Mais il n'est pas toujours évident de s'exprimer en visioconférence. Si vous avez le sentiment qu'il y a une forme de brouhaha digital et que prendre la parole à cet instant précis est difficile, levez simplement la main devant votre écran et restez ainsi, la main levée. Votre interlocuteur devrait comprendre le message et vous inviter à vous exprimer.

## 11 Exprimer son ressenti avec simplicité et sobriété

Si les échanges sont tendus, vous déconnecter subitement de la réunion ne fera pas avancer vos projets. Ayez le courage d'exprimer vos opinions et désaccords à distance. Pour cela, parlez avec méthode, de façon calme, factuelle et respectueuse : « Lorsque j'entends *telle chose*, je comprends *telle autre chose.* » Exprimer vos incompréhensions ou vos réserves permet d'éclaircir certains points et pourra peut-être aider le groupe. Voici quelques suggestions.

- Formulez explicitement votre demande : « J'ai besoin de comprendre l'objectif. »

- En privilégiant les phrases avec « Je » (plutôt que « Vous/tu », qui pointent du doigt l'interlocuteur), vous serez plus à même de partager votre ressenti.

- Reformulez ce qui a été dit, en commençant par vos besoins pour ne pas imposer quoi que ce soit qui gêne l'organisateur : « Je pense que… », « J'aimerais… », « J'ai moi aussi envie de… » « Lorsque j'entends telle chose, je comprends telle autre chose », etc.

- Prenez soin d'orienter vos commentaires sur le travail, les faits, les décisions, et non sur les personnes. Étayez vos perceptions avec des faits.

- Évitez toute critique sous le coup de la colère et vérifiez que votre interlocuteur est dans le bon état d'esprit pour entendre ce que vous souhaitez lui dire. Privilégiez au besoin le tête-à-tête au téléphone, à froid.

- Orientez vos propos vers des propositions d'amélioration, des pistes positives, des solutions, plutôt que de revenir sur le passé ou dénigrer ce qui a été fait.

- Soyez précis et concis, avec un vocabulaire simple et respectueux, des phrases courtes.

- N'utilisez pas de termes anxiogènes comme : « Nous avons un problème », « C'est un gros souci ».

- Il y a des nouveaux ? Les acronymes ou les anglicismes accentuent la distance. L'objectif est de créer du lien, rappelons-le*.

## LA MINUTE #LAWEBOX

**Questionnez vos collègues pour connaître leur avis sur votre ressenti : « Ressentez-vous la même chose ? », « Qu'en pensez-vous ? », « Quand peut-on traiter ce sujet ? »**

* Comme vous l'aurez peut-être remarqué, les anglicismes sont un axe de progrès sur lequel j'ai encore, hélas, du chemin à faire !

# Actions PLUS IMPLIQUANTES

## 12 Introduire un peu plus d'humour

L'humour au travail fait débat. Dévoiler son côté clown est pourtant une façon de rester simple car le *smile* nous connecte aux autres. Et si l'étape ultime de la coopération à distance était de parvenir à partager du fun à distance ? Voici quelques formules pour introduire des gags par écrans interposés :

- Le premier qui sera pris en flagrant délit de décrocher de la discussion organise le prochain *icebreaker*.
- Quand quelqu'un fait une erreur, il apporte du Galak à la prochaine réunion en présentiel !
- Le premier qui se prend trop au sérieux doit expliquer comment faire un gâteau au chocolat sans parler ou trouver le plus rapidement possible un objet commençant par « t » ou un objet bleu !
- Challenge plus difficile : faire rire un collègue à distance !

Le champ des possibles est illimité !

## 13 Investir dans du matériel

Si vous intervenez régulièrement en visioconférence, il peut être utile d'investir dans un kit d'éclairage adapté. L'investissement s'est démocratisé (80 à 200 euros). Il permet d'améliorer grandement le confort de votre auditoire et vous met en valeur.

## 14 Moderniser votre image dès la première seconde

Passer des *slides* en visioconférence présente l'inconvénient de cacher l'intervenant : il faut choisir de montrer à l'écran soit l'intervenant, soit les *slides*.

Vous pouvez pourtant associer les deux. Les conférenciers professionnels sont tous passés aux formats digitaux pendant la crise sanitaire, en rivalisant de créativité et d'innovation.

Vous voulez moderniser votre format et véhiculer une approche professionnelle dès votre apparition à l'image ? LaWEbox utilise l'outil Prezi Video pour créer un masque vidéo qui se superpose à l'écran de votre intervention. Vous pouvez ainsi inclure des logos, des phrases clés ou schémas qui apparaissent lorsque vous parlez et mettent en valeur votre propos sans vous faire disparaître de l'écran. Cela permet également d'encadrer chaque intervenant clé de bordures en couleur ou de leurs titres. Effet garanti.

## 15 Ne pas dépasser 50 % d'informations descendantes

Il n'y a rien de pire qu'un *call* au cours duquel un interlocuteur assène ses vérités sans que les autres, isolés chacun derrière son écran, puissent s'exprimer.

Privilégier l'interaction sur des questions ouvertes plutôt qu'un plan d'action cadré permet de coconstruire en équipe ; cela génère de l'engagement chez les participants, qui ont l'impression d'être utiles. La coopération est une forme de don de soi au service de l'équipe. Pour avoir la possibilité de faire partie d'un groupe soudé, chacun doit faire appel au don de soi.

Et s'il doit impérativement y avoir plus de 50 % d'informations descendantes dans une séance de travail que vous organisez, transmettez-en une partie sur un autre support (e-mail, vidéo, etc.). Vous pouvez aussi utiliser le principe de la pédagogie inversée : cela consiste à adresser ces informations en amont aux participants pour focaliser votre intervention sur les points clés ou sujets ne pouvant pas être traités par e-mail. Ainsi, le point d'équipe sera dédié à interagir avec les participants sur les problèmes à résoudre, les choix à faire, les questions ou les retours d'expériences sur ces sujets clés.

## 16 Éviter les non-dits et se préparer à les partager

Dans les réunions présentielles, beaucoup de choses peuvent « aller sans le dire » : quand on se voit, la satisfaction peut s'exprimer avec un sourire. Quand on interagit à distance, ce qui « va sans dire » a besoin d'être dit ou écrit.

Lancez-vous lors de votre prochaine connexion à distance : verbalisez !

### LA MINUTE #LAWEBOX

Certaines équipes démarrent leurs réunions à distance par un tour de table pour compléter la phrase : « Cette réunion sera un succès si... » Tentez-le à votre prochaine réunion !

Rien de plus simple, en visio, que de planquer les non-dits sous le tapis de souris. Mais c'est faire le lit de futures incompréhensions. Partagez votre ressenti en restant dans les codes de l'entreprise, c'est-à-dire constructif, poli et réfléchi : « Je suis gêné que tout le monde ne soit pas totalement présent ce matin. D'autres ressentent-ils cela ? »

Par ailleurs, dire oui quand il faut dire non revient à se mettre en danger. Entraînez-vous à décliner une demande à distance, demandez des délais de réflexion, proposez des alternatives : « Non, je ne peux pas faire ceci aujourd'hui, mais si tu veux, je peux faire cela demain. »

*L'erreur à éviter : laisser les non-dits et les tensions s'immiscer dans la vie quotidienne de l'équipe sans en parler.*

### LA MINUTE #LAWEBOX

Lorsque les non-dits ne sont pas exprimés, ils finissent souvent par sortir sous une autre forme : de la rumination. Or la rumination – c'est-à-dire le fait de penser de façon continue aux aspects négatifs d'une situation – renforce les effets d'une situation stressante. Garder votre esprit orienté vers l'action et la résolution des situations complexes est un soutien précieux pour vos missions.

## 17 Être vigilant aux biais cognitifs

Comme nous ne pouvons pas utiliser tous nos sens à distance, nous avons tendance à faire des raccourcis dans nos processus de décisions.

Notre cerveau peut ainsi effectuer, par facilité, des erreurs de jugement ou des interprétations irrationnelles. C'est dû à ce que l'on appelle des biais cognitifs[20]. Il y en a plus d'une centaine qui trompent notre cerveau et sont très actifs à distance.

Mon associé Charles Keller en a sélectionné certains pour vous. Apprenez à les connaître pour mieux déjouer leurs pièges et prendre vos décisions avec lucidité. Pour ne pas tomber dans ces biais, revenez à des critères objectifs dans vos échanges, restez concentrés et invitez vos collègues (et vous-même) à challenger les idées débattues sans aller trop vite vers la décision finale de la réunion.

- **Le biais de confirmation** nous incite à trier les informations reçues pour ne prendre en compte que les informations qui confirment nos convictions : « Puisqu'Untel le dit ! »

- Sourire active le **biais de sympathie** envers celui qui sourit (on en connaît tous qui l'activent).

- **Le biais d'ancrage** nous incite à être fortement influencé par la fameuse première impression.

- **L'effet de halo,** ou effet Pygmalion, nous incite à confirmer et aller dans le sens d'une idée reçue. Une étude[21] menée dans les années

1970 démontre que des élèves faussement identifiés comme doués par leurs professeurs recevaient plus d'attention et progressaient davantage. À garder en tête en management !

- **L'effet de récence** nous rend plus influençables par des événements récents. Si l'on nous demande le nom du comique le plus drôle, nous allons plus facilement évoquer celui que l'on a entendu récemment, même s'il n'est pas si drôle que cela.

- **Le biais de conformité** nous incite à choisir ce qui serait plus attendu par un groupe ou un décideur : « Je choisis ce livre qui est en tête des ventes. »

- **L'effet Ikea** nous incite à survaloriser quelque chose que l'on a fait soi-même, du simple gâteau à un projet d'équipe.

- **L'effet rétrospectif** nous fait trouver *a posteriori* les explications d'un événement : « Je m'en doutais ! »

- **Le biais de Dunning-Kruger** incite à faire davantage confiance à une personne très sûre d'elle. Responsable du collectif de la Villa Bonne Nouvelle chez Orange, Mélodie Ardouin l'explique en ces termes : « On a souvent tendance à confondre confiance en soi et compétence. Quelqu'un qui semble sûr de soi est perçu comme plus compétent et se retrouve ainsi souvent aux postes clés d'une entreprise. De même, un manager ou un recruteur aura davantage tendance à faire confiance à quelqu'un d'ignorant mais sûr de soi, plutôt qu'à quelqu'un possédant plus de compétences mais qui n'ose pas s'affirmer. [...] Mais la surconfiance à "basse compétence" peut avoir des effets désastreux sur une équipe ou une entreprise[22]. »

Soyez vigilant à ces biais pour vous assurer que les décisions prises sont efficaces. Vous pouvez aussi jouer efficacement avec certains biais pour engager vos interlocuteurs avec plus de succès. Par exemple, l'impression communément appelée « vu à la télévision », liée à la fréquence d'une communication positive et multicanal sur vos projets, activera la plupart des effets listés ci-dessus (récence, Dunning-Kruger, sympathie, conformité). Utiliser ces biais cognitifs pour avoir un impact positif sur les individus est ce que l'on appelle le *nudge*. Ces biais peuvent notamment enclencher des actions positives pour la planète.

## 18 Créer la rencontre

Les projets sont rarement intégralement à distance. Essayez de créer la rencontre et interagissez « dans la vraie vie ». Allez rencontrer vos collègues ou les équipes en dehors des réunions pour générer la confiance. Comment faire ? Donnez des coups de main, écoutez un collègue qui répète une présentation, proposez d'aider aux tests techniques pour une prochaine visio, mettez des personnes en contact, proposez un *call* rapide, déplacez-vous pour prendre un café, etc.

Encore plus fort : réalisez cet « exercice » avec les personnes du groupe avec lesquelles vous avez moins d'affinité. Le facteur qui distingue les équipes « surperformantes » réside dans la fréquence et la qualité des interactions entre tous leurs membres. Laisser des personnes de côté vous priverait de leurs contributions.

# FAIRE DU FEEDBACK : UNE RELATION PLUS FORTE GRÂCE AUX SIGNAUX FAIBLES

En visioconférence, on ne voit plus ou on voit mal les sourcils levés, les moues dubitatives, les regards fuyants et les coups d'œil qui permettent de saisir tout de suite ce que ressent son voisin de table. D'où l'importance de la verbalisation en télétravail. Ce qui implique d'aller rechercher les ressentis de vos interlocuteurs.

> *Ce qui habituellement « va sans dire » doit être exprimé à distance. Dès lors, faire du feedback est la consigne la plus puissante qu'un manager puisse donner à ses équipes. « Dès qu'un truc vous dérange, dites-le », ai-je entendu dans une entreprise au management responsabilisant. Perplexe ? Inconfortable ? Choqué ? Pourtant, une communauté est « un groupe qui peut*

*se battre avec grâce. » (Scott PeckScott Peck). Le feedback est une grâce.*

Le feedback est l'élément le plus important pour faire équipe de façon responsable et autonome. Sinon, la collaboration à distance n'est pas possible. Sans feedback, le télétravail se résume à de la production chacun chez soi, accompagnée de quelques formules de politesse en réunion de suivi. Un feedback amène son collègue ou son collaborateur à comprendre par lui-même comment il peut être utile, quel est le sens de son action, comment il peut progresser, quel objectif il est en train d'atteindre.

Partager du feedback sans critique nourrit la confiance, car chacun y perçoit sa valeur et le sens de sa présence. C'est un temps d'atterrissage pour l'équipe, qui permet de bien clôturer une discussion et de préparer les prochaines étapes.

*Savez-vous que l'absence de feedback est une forme d'indifférence qui peut être perçue comme une agression ?*

Le dirigeant d'une entreprise libérée* de 60 salariés me confiait avoir formé ses équipes au feedback et que c'était la partie la plus difficile de son projet, car cela nécessite de la maturité. Il faut également un climat de confiance pour oser faire un feedback. Si un collègue se comporte mal, on se questionne : « Est-ce à moi de lui dire ? » « Est-ce au manager de le faire ? », « J'ai peur de me tromper », « J'ai peur qu'on me le reproche », « J'ai peur que ce collègue me fasse ensuite des critiques sur mon travail ».

*Il faut beaucoup accompagner le feedback, et former à le pratiquer. C'est un travail de tous les jours qui a sa place dans toutes les organisations.*

Ce chapitre présente des techniques variées de feedback qui pourront vous aider à comprendre ce que pensent vos interlocuteurs de vos propositions,

* Entreprise dans laquelle les salariés sont libres et responsables dans les actions qu'ils jugent bon d'entreprendre – actions qui ne sont donc pas imposées par les dirigeants.

de votre collaboration, à aller chercher les questions qu'ils n'osent pas formuler, leurs doutes et difficultés dont ils n'osent pas parler. Bien au-delà des bilans formels de fin d'année, tous les sujets et toutes les interactions se prêtent au feedback.

Ce terme est souvent réservé à une suggestion d'amélioration ou à un échange avec son manager. Pas dans ce livre. Car tous les prétextes sont bons pour recueillir l'avis des autres. Et s'il n'y avait qu'un chapitre à retenir pour en mettre en œuvre les conseils, ce serait celui-ci, quel que soit le poste que vous occupez. Choisissez une technique qui vous semble adaptée à votre situation, à votre style, à votre contexte, et testez-la. Prenez une liste de tips et tentez. Vous serez surpris de la puissance de ces techniques. Pas besoin de pratique compliquée pour augmenter l'efficacité de vos interactions. Mettez de la variété dans les techniques de feedback utilisées pour créer de la surprise, intéresser et éviter la routine.

> *« Feedback is a gift ! »*
> — Warren Buffet

En matière de feedback, il serait malvenu de se monter dogmatique. Les modes de fonctionnement des individus et des équipes sont très variés, et la spontanéité doit avoir toute sa place. Chacun a son style d'interaction en équipe – c'est ce qui rend l'entreprise passionnante.

Toutefois, il est bon de connaître quelques éléments clés pour transmettre dans des conditions optimales sa reconnaissance ou ses attentes, pour permettre à son interlocuteur de prendre le meilleur de ce qu'on cherche à lui transmettre. C'est un sujet qui nous concerne tous. Selon les études Gallup[23], l'engagement vient principalement de la qualité des interactions que l'on a avec ses collègues et, surtout, avec son manager. Rappelons aussi que plus 70 % des salariés sont en attente de reconnaissance de la part de leur supérieur[24].

## LA MINUTE #LAWEBOX

**Avez-vous la volonté de faire grandir vos équipes et/ou vos collègues de projets ? Souhaitez-vous créer des échanges sincères avec eux et écouter ce qu'ils ont à vous dire ou**

préférez-vous les discussions convenues et juste polies ? Êtes-vous réellement convaincu que votre interlocuteur peut participer à résoudre le problème que vous souhaitez résoudre ?

## PETITES ACTIONS du quotidien

### 19 Aller chercher le feedback dans toutes les occasions d'interaction

Lancez-vous : « Qu'avez-vous pensé de ma présentation », « Avez-vous eu des retours des collègues sur le projet de la semaine passée ? »

## Actions PLUS IMPLIQUANTES

### 20 S'entraîner au feedback

Pour qu'un feedback soit constructif, il y a quelques règles à respecter.

- **Choisissez avec qui vous souhaitez le faire.** Est-ce avec tous les participants à une réunion ou seulement une partie ? Souhaitez-vous attendre que certains aient quitté la visio et convenir avec les autres de rester cinq minutes de plus pour débriefer ? Un feedback peut se faire avec tout type de profil : vos collègues, vos clients, vos partenaires et même votre manager.

- **Soyez dans un état d'esprit constructif, factuel.** C'est un exercice d'humilité où vous devez mettre du fond, de la simplicité et de la sincérité. L'objectif est d'avancer en équipe et de trouver des solutions pour la suite.

- **Testez plusieurs techniques** pour que l'exercice ne devienne pas une habitude convenue ou artificielle. Ce chapitre en est bien rempli, piochez et testez !

- **Pour éviter les réponses toutes faites avec un sentiment de déjà-vu,** mettez du fond, étoffez vos propos, soyez sincère.

- **Préparez ce que vous souhaitez dire.** Posez-vous pour travailler sur votre intervention lorsque c'est possible. Quel message voulez-vous faire passer ? Quels exemples de faits ou d'informations utiles peuvent illustrer votre propos ? Si vous avez un message précis à faire passer, répétez à haute voix pour vous entraîner et entendre l'effet de votre phrase : aimeriez-vous entendre une telle phrase ?

- **Quand vous sentez prêts, vérifiez que les autres le sont également :** interrogez-les sur leur « météo du jour » avant de vous lancer dans un feedback. Si vos interlocuteurs ne sont pas en forme, repoussez votre intervention à une prochaine fois.

- **Réfléchissez au cadre de votre feedback et à la méthode que vous allez choisir :** faites en sorte que tout le monde s'y sente à l'aise.

*Faire du feedback, c'est bien.*
*Le recevoir, c'est encore mieux !*

Ainsi préparé, vous serez en mesure, vous aussi, de mieux apprécier le feedback des autres. Même si vous êtes surpris voire déçu des propos tenus par vos interlocuteurs, recevoir un feedback est toujours une occasion de grandir.

## 21 Donner du feedback avec la méthode du « Bravo pour... parce que... »

Cette technique permet de structurer un feedback qui véhicule de la reconnaissance. Par exemple : « Je voulais vous dire bravo pour le document envoyé hier parce que cela a donné une image très professionnelle de notre équipe au client. »

- **Étape 1 : bravo.** Choisissez le terme (« bravo », « merci », « félicitations », etc.) qui illustre le mieux le ressenti positif que vous souhaitez exprimer sur le travail de telle personne. C'est l'intention qui compte.

- **Étape 2 : pour.** Choisissez la formule qui vous convient pour illustrer votre ressenti par un fait. Par exemple : « Bravo pour ta présentation et ton énergie », « Merci de m'avoir aidé hier », « Félicitations pour ta ponctualité, ton enthousiasme », etc.

- **Étape 3 : parce que.** Cette fin de formulation consiste à expliquer de façon factuelle pourquoi c'est important pour vous, appréciable pour l'équipe ou pour l'entreprise : « ... parce que cela a permis d'atteindre les objectifs », « ... parce que tu m'as fait gagner du temps », « ... parce que ton action nous a aidés à finir le projet dans les temps ». Certains experts vont plus loin : pour que votre interlocuteur ressente la valeur qu'il a pour l'entreprise ou pour vous, il faudrait non pas une, mais trois raisons qui illustrent l'importance du fait pour vous.

## LA MINUTE #LAWEBOX

Remercier et saluer les efforts constatés, ce n'est pas naturel de le faire en conférence téléphonique pour ceux qui se focalisent sur les sujets techniques. Pourtant, c'est primordial. Démarrez votre prochaine réunion à distance par de la reconnaissance : « Avant de démarrer, je voulais vous dire bravo pour... car... »

La technique du « Bravo pour... parce que... » est plus puissante en début de réunion, caméra allumée : « Avant de démarrer, je voulais vous dire... »

Réalisée avec sincérité et selon les trois étapes exposées plus haut, cette méthode soude l'équipe et crée les conditions de l'écoute et de la confiance.

Surtout, restez humble, factuel et spontané : si vous ne trouvez pas un message de fond à exposer en une minute, ce sera pour la prochaine réunion.

Enfin, n'attendez rien en retour et pensez à utiliser régulièrement la méthode du « Bravo pour... » Les fruits se récoltent sur la durée, par la qualité de la relation que vous nouez.

## 22 Faire systématiquement le point sur la météo du jour

En début de réunion, prenez l'habitude de faire un petit « e-tour » de table où chacun s'exprime sur son humeur du jour : en couleur (vert/orange/rouge) ou par un mot.

Vous pouvez demander d'imager les réponses en complétant une phrase du style « Je me sens comme... » : certains peuvent se sentir comme une pluie d'été, comme un soleil couchant, comme une montagne bien installée. Cette variante apporte de la poésie à l'exercice !

La météo peut également être de nouveau consultée en fin de réunion pour ressentir l'effet des échanges sur l'humeur de chacun.

## 23 Inviter chacun à se positionner dans un rôle

Proposez à chacun de se positionner sur une matrice explorateur, acheteur, vacancier ou prisonnier pour connaître le rôle qu'ils ont choisi de jouer. Cette technique est particulièrement utile pour connaître les intentions d'un groupe hétérogène. « Là, par exemple, nous démarrons cette visio. Êtes-vous plutôt en mode explorateur, c'est-à-dire que vous venez pour découvrir le champ des possibles ? Ou plutôt acheteur, ce qui signifie que vous voulez ressortir avec des choses concrètes, utiles pour votre quotidien ? Êtes-vous en mode vacancier, donc faiblement intéressé, mais avec la pensée que change peut-être de la routine ? Ou êtes-vous en mode prisonnier, présent parce que vous n'aviez pas le choix, à subir ce rendez-vous alors que vous auriez préféré faire autre chose ? »

## 24 Décliner la méthode du « Bravo pour… » pour un recadrage

Une fois que vous serez à l'aise avec cette méthode, sachez qu'elle se décline très bien à l'inverse, pour schématiser un recadrage en trois temps : « Gêné pour… parce que… ». Ainsi vous partagez l'émotion qui justifie ce recadrage, la raison qui l'illustre et les faits qui permettent de préciser en quoi c'est gênant pour vous, pour l'équipe ou pour l'entreprise : « Je suis gêné par ton attitude ce matin pendant le point hebdo, parce que cela donne au client une image de l'équipe à l'opposé de ce que nous voulons construire avec lui. J'ai eu le sentiment que tu étais fermé aux idées de l'équipe. »

## 25 Aller chercher du feedback à chaud en fin de discussion

À distance, il est particulièrement difficile de ressentir l'adhésion ou les réticences des équipes, des collègues ou même des clients. Pas d'échange à la machine à café ni de déjeuner après la réunion pour échanger de façon informelle. Il faut donc aller chercher les doutes, les freins, les questionnements de vos interlocuteurs. Pour cela, prévoyez un feedback à chaud pendant vos réunions, que vous sanctuarisez dans l'agenda : un moment réservé pour recueillir l'avis, les objections, les envies des collègues et confrères.

Vous pouvez aussi proposer à ceux qui le souhaitent de rester connectés quelques minutes de plus. Nous le faisons très régulièrement au sein de laWEbox et cela remporte toujours l'adhésion de certains participants, surtout lorsque la réunion comptait beaucoup d'interlocuteurs.

## 26 Utiliser le questionnement ouvert

Il y a des questions puissantes pour avancer en équipe. Trouvez un questionnement adapté à votre objectif. Voici quelques exemples : « Comment chacun a ressenti telle chose ? », « Qu'avez-vous pensé de cette réunion ? Que retenez-vous ? » « Voulez-vous ajouter quelque chose ? », « Quelle information vous a surpris ? », « Qu'avez-vous retenu, qu'avez-vous aimé ? », « Si c'était à refaire, de quoi auriez-vous envie ? »

## 27 Partager dans un chat

Quêter le ressenti ou l'avis des participants peut être compliqué quand il y a beaucoup de participants. Le digital nous vient alors en aide. Demandez de partager la réponse à votre question dans un *chat*, éventuellement par des *smileys* par lesquels les interlocuteurs communiquent leur ressenti sur la réunion.

### LA MINUTE #LAWEBOX

En présentiel, votre satisfaction peut s'exprimer avec un simple sourire, une écoute dans un couloir ou un check des mains. Lors de votre prochaine réunion, voire dès maintenant au téléphone, lancez-vous et verbalisez votre reconnaissance envers un collègue.

## 28 Questionner de façon quantitative

J'apprécie particulièrement la technique dite du ROTI (*Return On Time Invested*) pour noter de 1 et 5 l'apport d'une réunion. Cela peut se faire à main levée, dans le fil de discussion ou par un outil de quiz si vous êtes nombreux.

L'intérêt de cette technique est double :

- d'une part, elle permet de mesurer l'efficacité d'une réunion (de la pure perte de temps à l'échange d'une efficacité parfaite) sans avoir à se justifier ni à argumenter ;

- d'autre part, le suivi du ROTI sur une réunion régulière permet de voir comment elle évolue dans le temps. Si vous avez chaque fois 4,7 sur 5 à et qu'un jour vous descendez à 3,2, cela doit vous alerter sur la réunion. Que s'est-il passé ? Où est le problème ?

Si vous avez un public nombreux, vous pouvez tester cette variante moins nuancée : « Si vous êtes satisfait de la réunion, tapez A ; si vous êtes neutre, tapez B ; si vous êtes insatisfait, tapez C. »

## 29 Aller chercher du feedback quand personne ne parle

Les questions restent sans réponse ? La prochaine fois, annoncez dès le début de la réunion qu'un temps de feedback aura lieu à la fin. Vous observerez que cela renforce naturellement l'écoute et la qualité de présence des participants. Testez plusieurs techniques au fil des semaines pour trouver celles qui vous convient le mieux.

Si ça ne vient pas, allez chercher du feedback en exprimant votre ressenti, votre émotion. Vos interlocuteurs les auront forcément perçus, et cela aidera à délier les langues.

## 30 Compléter les feedbacks sur les sources de progrès par des feedbacks de félicitations

Notre cerveau est ainsi fait qu'un feedback ressenti comme négatif est difficile à digérer – l'imagerie médicale est formelle sur ce point. Certains appliquent la méthode dite du sandwich en glissant un feedback d'amélioration entre deux feedbacks positifs.

Les coachs sportifs le font parfois de façon séquencée pour délivrer sur un seul message à la fois : un jour, ils diront que ceci ne convient pas ; un autre jour, ils se focaliseront uniquement sur ce qui fonctionne.

### LA MINUTE #LAWEBOX

Questionnez-vous pour prendre du recul sur la manière dont vous avez intégré ou non l'enjeu de partager les ressentis à distance. Quelle est votre habitude pour donner ou demander du feedback à distance ?

— À chaud de vive voix ?
— À tiède quelques heures plus tard au téléphone ?
— À froid par e-mail ?

— Vous attendez de revoir la personne pour le faire ?

— Vous faites rarement du feedback ?

Attention, il y avait un piège : l'e-mail n'est pas un canal adapté pour le feedback. Qu'ils soient à chaud, à tiède ou à froid, privilégiez toujours les échanges à l'oral pour mettre de la nuance et faire passer vos émotions.

## 31 Appeler vos interlocuteurs, à froid

En cas de souci, arrêtez les e-mails et redécouvrez les vertus du téléphone « à l'ancienne ».

## 32 Demander un mot pour résumer la session

Très efficace. Et rapide !

## 33 Tester la méthode *Keep-Start-Stop*

Cette technique consiste à lister en fin de réunion, concernant le projet en cours, ce qu'on garde, ce qu'on arrête et ce qu'on décide de lancer. Infaillible pour être efficace et indiquer clairement à tous comment passer à l'action. On utilise souvent cette méthode en brainstorming avec l'équipe de laWEbox pour être certains de se mettre en mouvement.

## 34 Utiliser la méthode des 3 A

Faites un « e-tour » de table de ce que chacun aimerait voir **A**mplifié (« Ce que je souhaiterais que tu amplifies » ou « Ce que je souhaiterais amplifier »), ce que chacun a **A**pprécié et ce que chacun aimerait voir **A**justé.

## 35 Décliner le feedback avec MATI

Demandez à chacun des participants de partager ce qui l'a **M**arqué, ce qu'il a **A**ppris, ce qui se **T**ranspose ailleurs et s'il a encore des **I**nterrogations.

## 36 Décliner le feedback avec « J'ai... »

Faites un « e-tour » de table pour demander aux participants de répondre à ces questions :

- J'ai aimé (j'ai apprécié, je souhaite célébrer, remercier...).
- J'ai raté (j'ai tenté et échoué, je suis passé à côté de...)
- J'ai appris (leçons tirées, partages...).
- Je vais tenter (action ou changement...).

## 37 Demander à chaque participant de se résumer par un dessin

Cette méthode s'appelle la métaphore visuelle. Chacun dessine sur une feuille ce qui résumerait, selon lui, le projet, l'équipe, la réunion ou le sujet traité, et partage à l'écran sa réalisation.

Le dessin permet de résumer de façon ludique et légère un sujet en prenant de la hauteur. L'exercice révèle aussi parfois une vision inconsciente et fait prendre conscience de non-dits.

# Actions à destination des MANAGERS ET DES CHEFS DE PROJETS

## 38 Tenter le *speed boat* si vous avez plus de temps

Cette méthode imagée est utilisée par les équipes agiles pour animer notamment les rétrospectives, ces rituels de feedback en fin de projet. Il s'agit d'imaginer que le « bateau » est votre projet/votre entreprise, et que le groupe va explorer collectivement l'environnement dans lequel il navigue :

- Qu'est-ce qui freine actuellement le projet : le vent contraire, les vagues du projet, les ancres non levées du projet.
- Qu'est-ce qui booste le bateau : ses voiles ou son moteur, c'est-à-dire les forces de l'équipe, ses compétences, ses clients.
- Où va-t-il : l'île aux trésors que vous souhaitez atteindre peut être une vision, un lancement, une échéance de livraison à respecter, etc. Et quel est le chemin choisi pour s'y rendre ?
- Qui est à bord ? Qui le pilote ?
- Quels sont les menaces et les risques à venir ? Y a-t-il des requins ou des cailloux à prévoir ?

## 39 Se former à la conversation courageuse

J'ai déjà mentionné cette technique dans mon premier livre, lors de l'interview des dirigeants de la société Sagarmatha. Pour avoir une « conversation courageuse » à distance, qui libère la parole, il faut que l'ADN de l'entreprise le permette. En la matière, c'est aux dirigeants de montrer l'exemple en sachant dire les choses, souligner les incohérences, poser des actes, écouter. À distance, cela prend plus de temps et demande du tact pour poser les bons mots, ne pas chercher à aller trop vite dans les échanges et s'assurer que les interlocuteurs sont bien « présents ».

## 40 Transformer le feedback en feedforward

Il s'agit donc cette fois de se projeter vers le futur :

- « Si c'était à refaire que pourrions-nous faire ? qu'auriez-vous envie de trouver ? »
- « Je vous propose de réfléchir cinq minutes aux améliorations éventuelles à apporter à la prochaine réunion. »

Au lieu d'un rituel unique de feedback, la variété des différentes techniques présentées ici permet d'avoir plusieurs approches dans votre boîte à outils de façon à garder de la surprise et de l'engagement dans l'animation de vos échanges.

*Dès les premiers jours d'un projet à distance, le manager ou chef de projet n'est plus le sachant : il est avant tout l'orchestrant, humble garant de l'esprit d'équipe et de la performance collective.*

# Chapitre 3

# L'esprit d'équipe n'a rien de virtuel

Disons-le clairement, le télétravail fragilise la cohésion. Y compris au sein des comités de direction, qui admettent qu'il nuit à la qualité des relations, tant en interne qu'avec les clients, fournisseurs et toutes les parties prenantes des organisations.

*Le télémanagement secoue le management à la papa.*

En complément de son rôle habituel, le télémanager doit aussi veiller au maintien des liens dans l'équipe et au soutien aux plus fragiles. L'humilité s'invite dans la boîte à outils du manager ou du chef de projet à distance : il est amené à réinventer les formats de réunion et les rituels, à lâcher prise par rapport aux éléments statutaires de son poste, à déléguer et à faire confiance par défaut, à faire preuve de créativité pour exprimer les doutes ou craintes habituellement détectées par le non-verbal, etc.

Certains managers ou chefs de projet peuvent se sentir perdus dans ce tourbillon. Il y en a même qui ont tout tenté pour rester au bureau, prétextant l'impossibilité de manager à distance. Un patron de 30 000 personnes dans le secteur industriel me confiait : « J'ai vraiment besoin d'avoir mes équipes à côté de moi. » Ce management à l'ancienne n'est pourtant plus d'actualité.

Souvenez-vous du confinement : ce saut dans l'inconnu a eu bien des vertus pour transformer les relations dans les équipes ! En « mode survie », chacun s'est ouvert comme il ne l'aurait peut-être jamais fait. Le manque de contacts réveille la nécessité de partager en toute simplicité ses galères de confinement, ses anecdotes du quotidien, enfants ou conjoint font irruption dans les réunions à distance, etc. Chacun rentre soudainement dans la vie de ses collègues. Cette situation inédite a également libéré la parole et créé du lien.

Les cartes ont été rebattues. Pour certains, le télétravail c'est la double peine. Les violences domestiques, le manque d'espace, le sentiment d'inutilité ont apporté leur lot de souffrance et d'épreuves. D'autres particulièrement bavards – voire leaders – au bureau, ont disparu des radars, la distance les a éteints. À l'inverse, certains timides se sont dévoilés pour devenir très producteurs.

Dans ce chapitre, nous allons voir comment maintenir l'ambiance et cultiver l'informel au sein de votre équipe, comment intégrer les nouveaux collègues ou collaborateurs à distance et comment animer la dynamique de groupe, motiver voire réveiller la flamme.

## COMMENT MAINTENIR L'AMBIANCE ?

La distance implique de prendre le temps de construire une relation de qualité et de renforcer la cohésion du collectif. Or, créer des échanges et de la confiance dans des conditions de télétravail prolongé, **ça ne se décrète pas.** L'idée n'est pas de remettre en question un système ou une façon de travailler, ni de « décider » qu'on va tous bien s'entendre, mais de saupoudrer des petits moments pour être mieux tous ensemble, de libérer la parole, de développer une culture de l'attention et de l'exigence bienveillante.

### PETITES ACTIONS du quotidien

### 41 Créer des rituels de convivialité

Tout ce qui offre des occasions de se sentir connectés à son équipe est bon à prendre. Voici quelques pistes.

- En temps normal, certains managers organisent des **points hebdomadaires**. Je recommande de maintenir ces rituels en les réinventant : pourquoi ne pas organiser des cafés virtuels *via* Zoom, Hang Out ou Skype ?

- Créez **des rituels virtuels pour remplacer les rituels en présentiel** : par exemple, un forum « machine à café » de cinq minutes par jour pour échanger des potins, des conseils de lecture (sans tomber dans le partage de vidéos de chats !), dans un outil collaboratif peuvent remplacer la pause avec les collègues.

• Si vous êtes nombreux, créez **une visioconférence qui fonctionne toute la semaine** : chacun s'y connectera quand il le souhaite et croisera les collègues en quête de pause collective. En laissant ouverte cette « réunion-café » sur une tablette, il vous est possible de voir vos collègues, que vous soyez en train d'interagir avec eux ou non.

• Travailler en équipe, c'est comme **construire une histoire de famille.** Certains ont organisé des apéritifs virtuels et des *pizza party* virtuelles, moments partagés y compris avec ceux qui sont présents au bureau.

• **Échangez sur les petits moments du quotidien avec des blagues, des photos, des anecdotes, etc.** Les groupes WhatsApp font un carton. Cependant, ils ne sont pas la panacée et peuvent même être un piège dans certaines organisations, car certains intervenants basculent un peu trop facilement dans l'intime. Ils invitent en tout cas à se poser quelques questions : doit-on s'entendre avec tout le monde ? Les collègues sont-ils tous par défaut des amis ? Le manager doit-il être dans le groupe WhatsApp ? Et s'il n'y est pas, qu'en penser ?Ce clivage ne serait-il pas nécessaire ?

• **Proposez des masterclasses ou des « tribunes »** pour se nourrir de la richesse de ses collègues et collaborateurs, un temps déconnecté du métier de chacun pour partager, à l'heure du déjeuner et en visio, une passion, un projet de bénévolat, etc. Ce format de « scène ouverte » invite chacun à découvrir en 30 minutes ce que les collègues aiment partager.

## 42 Prendre son téléphone juste pour demander des nouvelles ou féliciter

La communication à distance est trop souvent liée à une production à livrer, à des échanges efficaces, à une demande opérationnelle précise. Appelez vos collègues ou collaborateurs sans autre objectif que de prendre des nouvelles, sans avoir quoi que ce soit à demander. Cela contribuera à maintenir la cohésion d'équipe.

Prendre son téléphone sans objectif d'efficacité fait partie des pratiques fondamentales. Pour autant, elle rentre aussi dans la catégorie des actions trop peu réalisées, certains la trouvant trop simpliste.

### LA MINUTE #LAWEBOX

Organiser un café d'équipe à distance à date fixe pour échanger des actualités, des conseils, recréer un peu de convivialité, peut s'avérer utile quand on est amené à ne pas se voir pendant un temps assez long. Concerné ? Discutez-en avec vos collègues pour faire émerger l'idée.

## Actions PLUS IMPLIQUANTES

## 43 Incarner la culture d'entreprise, même à distance

Faites preuve d'imagination pour animer les valeurs de l'équipe ou de l'entreprise à distance. Les quelques expériences qui suivent pourraient vous inspirer !

- Dans un grand groupe, lors d'un séminaire, un apéritif a été envoyé à domicile à chaque participant pour célébrer la fin d'une formation ! D'autres envoient une part de gâteau pour les anniversaires.

- Sur des campus d'étudiants, certaines associations ont organisé des soirées cinéma : chaque étudiant était confiné dans sa chambre, mais les organisateurs leur ont envoyé à tous des sachets de pop-corn !

- Certaines sociétés ayant une culture du partage proposent à tour de rôle que chacun anime un moment particulier d'une réunion à distance, qu'il soit drôle ou instructif (par exemple, un partage de compétence ou d'expérience client réussie).

- Des agences animent des matinales quotidiennes de 15 à 30 minutes pendant lesquelles les équipes se connectent autour d'un *icebreaker* convivial (voir page 150).

## 44 Préciser ses propos

À distance, les codes de la communication changent et les échanges sont structurés d'une autre manière. Certains parlent même de libération psychologique, comme si l'on pouvait enfin quitter une posture formelle et se montrer plus direct. Je n'irais pas jusque-là et mettrais de la nuance.

Plus on est à distance, plus on va à l'essentiel. Plus on a de la distance avec les individus et leurs émotions, plus les mails sont directs voire perçus comme brutaux. Votre communication écrite devra donc rester la plus neutre possible, tout en étant précise, explicite et sans ambiguïté dans le choix des termes. Pesez vos mots. Si vous devez effectuer un recadrage ou exprimer un point de progrès, prenez votre téléphone et privilégiez l'oral.

En cas d'alerte comme de mauvais chiffres, un incident interne, un oubli de la part d'un collaborateur, la communication doit rester factuelle pour ne pas transmettre de sentiment de panique. Plus vos propos sont clairs, plus vous donnez le sentiment d'être rigoureux, logique, et plus vous générez de la confiance chez vos interlocuteurs.

- L'écrit est inadapté pour donner du feedback ou chercher à convaincre. Il vaut mieux privilégier le téléphone.

- Pour des questions rapides en temps, les messageries instantanées – de WhatsApp à Link ou Slack – permettent de communiquer de façon plus informelle que par e-mail et presque en temps réel.

- Télétravailler n'implique pas de multiplier les e-mails. Parce qu'elle est asynchrone (non instantanée), la communication par e-mail sera privilégiée pour apporter du recul et réflexion.

- Soyez vigilant sur la forme utilisée à l'écrit. Évitez les injonctions (« organise », « prévois », « ne fais pas », « dis-lui », etc.) et privilégiez des termes encourageants, en introduisant une pointe d'humour ou en soulignant les efforts constatés.

### LA MINUTE #LAWEBOX

Vous avez un message à faire passer prochainement ? Entraînez-vous à l'oral tout seul, exprimez vos émotions et écoutez-vous exprimer vos idées. Répétez plusieurs fois. Puis quand vous sentez que c'est fluide, que vous-même pourriez l'entendre, passez à l'action.

## 45 Célébrer un événement professionnel

Vous souhaitez animer un moment collectif à distance, une fête de fin d'année ? Voici plusieurs propositions, cumulables.

- **Le chocolat chaud de fin d'année.** Chacun se retrouve avec une boisson chaude ou un cocktail devant son écran, partage de bons souvenirs, de photos, d'anecdotes, de chiffres amusants de l'année, les grandes étapes, les réussites.

- **Le livre d'or virtuel.** Une équipe c'est plein de souvenirs qui font le sel de la vie. Incitez chacun à envoyer en amont une phrase ou une photo rappelant les moments plus cocasses ou les grandes joies de l'année.

- **L'apéritif déguisé.** Rien n'empêche de se montrer déguisé sur Teams ou Zoom. Les costumes donnent toujours lieu à des anecdotes amusantes.

- **La cocréation collective d'un contenu** peut compléter tous ces événements : chacun est invité en amont de l'événement à contribuer à la création d'un poème, d'un « cadavre exquis » d'une charte, etc.

- **Le Secret Santa* virtuel.** Un tirage au sort préalable permet de créer des binômes qui se feront des cadeaux virtuels le jour J. Pour plus de praticité, privilégier effectivement les cadeaux virtuels comme un petit mot, un poème, une photo souvenir, un montage, une vidéo personnelle, la photo d'un cadeau qui l'attend pour sa

* Tradition anglo-saxonne du Noël surprise où les cadeaux sont tirés au sort.

prochaine rencontre, etc. Chacun à leur tour, les binômes s'échangent leurs surprises aux yeux du groupe.

- **Un partage de photos d'enfants.** Chaque participant partage une photo de lui étant enfant. La collecte peut être anticipée en amont pour préparer des quiz sur qui est qui. Variante : une photo de l'animal de compagnie de chacun.

- **Des *escape games*** qualitatifs et payants existent en version digitale. Chacun peut toutefois bricoler à l'échelle de son équipe des énigmes, codes à trouver, problèmes à résoudre pour pimenter la soirée conviviale de son service.

- **La cour des grands.** Pour les plus débridés. C'est une réunion classique, où chaque membre de l'équipe est remplacé par un membre de la famille (le fiston, le conjoint, l'animal de compagnie, une peluche, etc.). Chaque collègue coachant son remplaçant pour faire une réunion la plus normale possible.

- **N'oubliez pas de saupoudrer le tout de quelques *icebreakers*** (voir page 150), pour permettre à chacun de se dévoiler un peu ou de rire. Charles Keller, mon associé de laWEbox, vous expliquerait mieux que moi les vertus du train fantôme en pareille circonstance. Chaque participant manie son écran comme s'il s'agissait du volant d'un grand train fantôme lancé à toute allure dans un grand huit. Effet garanti si chacun met son écran en mosaïque pour voir tout le monde en action.

# Actions à destination des MANAGERS ET DES CHEFS DE PROJETS

## 46 Saluer son équipe tous les jours

Comme l'a montré une étude*, ce n'est pas tant la qualité des relations qui crée du lien que leur fréquence.

Je vous conseille donc d'organiser un point ritualisé, par exemple à 11 h 30 ou l'après-midi à 14 heures. Certaines équipes ont mis en place un point quotidien de 5-10 minutes juste pour se dire : « Coucou, on est là. »

Vous pouvez aussi ouvrir une « réunion permanente » en ligne : quand quelqu'un veut faire une pause et retrouver un collègue, il active son micro, interpelle son collègue, et les deux personnes peuvent partager un moment à distance.

Saisissez toutes les opportunités de faire parler (vraiment) les collègues et de demander de l'aide au besoin. Tous les prétextes sont bons pour savoir comment vont les personnes avec qui on travaille.

Surtout, il est particulièrement important d'appeler les plus fragiles, ceux pour qui le télétravail est compliqué parce qu'ils vivent dans des petits espaces, ont de jeunes enfants, etc.

### LA MINUTE #LAWEBOX

L'isolement et la distance contraignent à prendre des initiatives et à être plus autonomes, ce qui peut en effrayer certains. Identifiez un collègue ou collaborateur qui pourrait être dans cette situation et appelez-le tout de suite pour prendre la température.

---

* La société Sociometric Solutions a développé des capteurs qui mesurent les comportements et les interactions au travail. Le capteur détecte avec combien de personnes nous sommes en interaction, la vitesse de parole, le ton, la posture, etc. La Bank of America a déployé ces capteurs dans ses agences et a observé que les plus performantes étaient celles où tout le monde se parlait.

## 47 Prendre régulièrement le pouls des équipes

De nombreux outils de sondage hebdomadaires ou quotidiens existent pour prendre le pouls des équipes, de façon soit anonyme, soit nominative (Supermood, Bleexo, etc.). Ont-ils le bon matériel ? Comment vont-ils ? Parviennent-ils à travailler ? Les RH apprécieront d'avoir une vision globale, alors que le manager peut s'en servir pour piloter son équipe.

## 48 Donner vie à une culture d'équipe qui vous ressemble

J'ai eu la chance de coanimer un événement avec Arnaud Pottier-Rossi, de l'agence de communication Kalaapa, spécialisée dans l'animation de la raison d'être des entreprises. Je lui laisse donc la parole...

> *Ce n'est pas en multipliant le nombre de visioconférences qu'on a une culture d'équipe. Avant de faire vivre la culture d'une équipe, il faut identifier quelle est cette culture. Pour y travailler, j'utilise régulièrement un exercice d'intelligence collective intitulé « la mallette du collaborateur ». Imaginez un nouveau collaborateur qui arrive le matin. C'est son premier jour. Que devez-vous mettre dans sa mallette qui lui permette de se sentir épanoui et de bien travailler ?*
>
> *Au début on pense à des choses assez communes comme les organigrammes, les listes de téléphone, les codes Wi-Fi, le guide des avantages, etc. Aller au-delà de ces banalités permet de comprendre un peu plus quelle est la véritable culture d'équipe ou d'entreprise. Quel est votre élément distinctif, vis-à-vis des clients et en interne ? Cette mallette n'étant jamais remise réellement, allez assez loin dans la créativité. Pourquoi pas une brosse à dents si votre culture est représentée par le sourire ? Un carnet de blagues si vous êtes une entreprise fun ? Une bouteille de parfum si votre promesse est de se sentir comme à la maison ? Un livre d'histoire si votre entreprise repose sur un patrimoine historique important ? Des gâteaux ou des carnets de recettes pour la culture du partage, etc.*[25]

À vous de trouver l'objet culturel que vous allez ajouter dans la mallette virtuelle de votre équipe. Une fois que vous y serez parvenu, la façon de le faire vivre à distance viendra plus facilement. Certains partagent des recettes de cuisine ou des blagues, participent en équipe à des conférences en ligne, organisent des concours de photos caricaturales, célèbrent les coups de main donnés à distance, etc.

## MA TEAM S'AGRANDIT À DISTANCE ET J'Y ARRIVE

*Moteurs d'engagement* exposait quelques bonnes pratiques liées à l'accueil d'un nouvel arrivant dans l'équipe : remise d'un livret d'accueil, attribution d'un nom de promotion, de parrains, partage d'informations formelles et informelles permettant d'entamer par la suite des conversations, etc.

*Selon une étude Gallup, 12 % seulement des salariés interrogés estiment que leur entreprise accueille bien les nouveaux employés*[26]*. Les organisations dotées d'un programme d'*onboarding *structuré et complet amélioreraient de 82 % la rétention des nouveaux employés et de 70 % leur productivité*[27].

Qu'ajouter pour un *onboarding* qui se fait à distance ? Pendant le confinement, certaines entreprises ont recruté 100 % à distance et des salariés ont démarré un CDI à distance.

Nous l'avons vécu au sein de nos équipes de laWEbox. Une collaboratrice est partie se confiner à Singapour chez ses parents juste avant le début de sa mission ! Comment procéder quand on ne fait pas de trajet ensemble le matin, qu'on ne peut plus prendre de cafés ou déjeuner à l'extérieur pour créer de la relation ? Loin des yeux, loin du cœur ? Il y a pourtant des solutions. Avec l'équipe laWEbox, nous démarrons tous nos points hebdomadaires par un *icebreaker* (voir page 150), en piochant dans la liste proposée dans ce livre... Au début, certains étaient un peu intimidés (moi la première), puis nous y avons vraiment pris goût. On rit, on partage une information insolite ou une boulette, on crée du lien et la confiance s'instaure.

## PETITES ACTIONS du quotidien

### 49 Embarquer sans chichi les jeunes recrues en télé-rendez-vous

Les stagiaires ou les jeunes recrues connaissent sans doute mal les rituels et fonctionnements de votre entreprise. Et ils ont souvent moins de maturité ou d'expérience pour parler au téléphone de ce qu'ils ne comprennent pas, pour dire si les propos ne sont pas clairs, s'il y a un malentendu, s'ils se sentent isolés. Or les jeunes générations cherchent encore plus que la moyenne des salariés ce sentiment d'appartenance à une équipe. Pour toutes ces raisons, créer de la relation est encore plus important pour eux.

Les jeunes recrues – c'est une chance – sont souvent plus à l'aise avec les outils numériques et sans attente particulière en ce qui concerne les codes ou de formalisme. Vous pourrez donc les « embarquer en visio » avec une grande facilité.

Faire passer l'état d'esprit et la culture d'une équipe, c'est aller ensemble en réunion ou en rendez-vous virtuel chez des clients. D'habitude, cela se fait de façon informelle, quand on croise une nouvelle recrue ou un stagiaire dans un couloir : « Tiens, on ira demain à tel rendez-vous ensemble. Je compte donc sur toi à telle heure. » Pensez à enclencher le même type de relation informelle pour embarquer vos jeunes en visio !

### 50 Intégrer les nouveaux collègues dans une réelle ambiance à distance

L'*onboarding*, c'est aussi faire monter à bord les nouvelles recrues dans l'esprit d'équipe. Relisez le chapitre 2 sur le *team spirit* et redoublez d'efforts. Structurez l'informel, incluez les nouveaux dans tous les outils digitaux en variant les canaux (WhatsApp, e-mails, appels, etc.). Piochez dans les propositions de rituels pour créer du lien avec les petits nouveaux et découvrir leurs qualités cachées, vous trouver des points communs, partager des anecdotes, des souvenirs, des émotions.

Les jeunes générations ne veulent pas uniquement une expérience professionnelle. Ils veulent du sens. Ils cherchent une ambiance. Offrez-leur.

## 51 Demander du feedback aux jeunes recrues

Acceptez que quelqu'un qui vient de démarrer dans le métier puisse apporter de belles idées. Penser à demander régulièrement : « Qu'en penses-tu ? » est fédérateur.

# Actions PLUS IMPLIQUANTES

## 52 Financer des kits de télétravail

Si l'enjeu du travail à distance implique avant tout de préserver l'esprit d'équipe et d'éviter de laisser s'installer un sentiment de solitude, quelques bases sont nécessaires pour télétravailler dans de bonnes conditions.

Avoir du bon matériel est important, et certaines entreprises vont jusqu'à l'offrir. Cela peut aller de la chaise ergonomique au bureau adaptable en hauteur en passant par le grand écran, le micro-casque ou le repose-pieds, etc. Renseignez-vous. Certains employeurs ont négocié des offres intéressantes pour faire auditer les installations électriques ou Internet de leurs collaborateurs, voire l'isolation acoustique.

Le télétravail généralisé se structure rapidement et les enjeux sont tels que certains employeurs réfléchissent même à financer des bureaux (à roulettes ou repliables), voire des cocons d'isolation phonique pour optimiser les conditions de travail à domicile.

## 53 Créer des binômes voire plus

L'idée est d'avoir quelqu'un qui soit une référence, un repère, pour les nouveaux arrivants.

*Buddy*, parrains, *reverse mentoring* (le mentor est un jeune, le *mentee* un senior) : il existe de nombreux formats de *mentoring** pour les nouveaux arrivants. Dans certaines entreprises comme Mazars, des binômes de mentor/*mentee* échangent plusieurs fois par semaine pour savoir comment les *mentees* se sentent et pour répondre à leurs questions. La fréquence des contacts et leur neutralité sont nécessaires pour instaurer la confiance sans risque de conflits d'intérêts, de diffusion d'information confidentielle et dans le respect des ressentis de chacun.

Au-delà de la création de binômes formels, favoriser l'entraide et les coups de main participe à maintenir l'esprit d'équipe à distance.

> *« Au lieu du classique binôme, toute l'équipe m'a proposé du renfort deux jours par-ci, une relecture par-là. C'était vraiment appréciable et je ne me suis jamais sentie seule. »*

## 54 Prendre les devants quand on est le « petit nouveau »

Les gens n'ont pas forcément le sens de l'esprit d'équipe. Beaucoup sont focalisés sur l'opérationnel. Les mêmes souffrent aussi parfois d'un sentiment de solitude lié à la distance, sans toujours s'en rendre compte et/ou sans savoir comment faire autrement.

Si l'employeur ne propose pas des techniques d'animation d'équipe, proposez-les : « J'ai besoin de sentir qu'on forme une équipe. Seriez-vous d'accord pour inclure des temps informels de débrief après les réunions ? » Ou encore : « Que dites-vous d'organiser un café-Skype avant chaque réunion d'équipe ? »

* Le *mentoring* désigne une relation interpersonnelle de soutien et d'échanges entre une personne d'expérience (mentor) et une autre personne (*mentee*) qui a des compétences à acquérir et des objectifs professionnels à atteindre.

## Actions à destination des MANAGERS ET DES CHEFS DE PROJETS

### 55 Organiser la première semaine du « nouveau venu »

Réunions, rencontres informelles, rituels, livraison de matériel informatique, réunion RH, photos des collègues, codes de connexion : tout ce qui se fait d'habitude au bureau devra être anticipé. Préparer minutieusement la première semaine est fondamental. Prévenez en amont la personne qui arrive de la façon dont cette semaine va se dérouler et calez des points quotidiens pendant toute la durée qui sera nécessaire à son intégration.

### 56 Proposer de choisir un thème exploratoire hors fiche de poste

Pouvoir choisir librement un thème exploratoire en lien avec sa mission, sans directive autre que d'explorer ce qu'il souhaite, avec la façon qui lui semble adéquate, est très motivant pour un nouvel arrivant. Notre collaboratrice partie se confiner à Singapour (voir page 92) a ainsi proposé d'appeler des prospects pour savoir s'ils comprenaient le métier de laWEbox. Ce n'était pas dans sa mission, mais nous avons dit : « Go ! »

> *« Que souhaites-tu apporter à la société, au projet ? Y a-t-il d'autres sujets que tu souhaites aborder ? »*

### 57 Inclure une variable d'équipe dans la rémunération

Cette notion est détaillée dans mon premier livre. Vu l'enjeu du travail à distance, cet axe est encore plus important (si vous avez la main), car il consolide l'esprit d'équipe et évite le règne du chacun pour soi. Vous êtes manager ? Quel bonus pourriez-vous mettre en place pour encourager l'esprit d'équipe ? Quel cadeau d'équipe proposer pour célébrer les réussites collectives ? Quelle liberté, quelle incitation proposez-vous pour donner envie à certains de proposer des rituels et festivités on line ?

## JE (ME) MOTIVE

Qu'est-ce qui vous motive au travail ? Et en télétravail ? Et comment vos équipes et vos collègues sont-ils motivés à distance ? C'est l'objet de ce chapitre. Un moment clé de votre lecture, car il est toujours plus difficile de se motiver en télétravail. Les distractions y sont très nombreuses, et l'adage « Loin des yeux loin du cœur » se vérifie chaque jour.

### LA MINUTE #LAWEBOX

Interrogez vos collègues sur ce qui les rend heureux au travail, sur ce qui les motive à se connecter : les relations avec les collègues, l'aventure collective, les *icebreakers* de début de réunion, l'autonomie qu'offre le télétravail, les objectifs clairs permettant de savoir où l'on va, l'univers créatif dans lequel ils baignent, les échanges intellectuels avec l'équipe ?

Rappelons quelques bases. Il y a deux types de motivation : la motivation intrinsèque, qui nous vient naturellement de ce que l'on aime (avoir des relations de qualité, exprimer sa créativité, etc.) ; et la motivation extrinsèque, influencée par un élément extérieur (rémunération, compétition, etc.).

*En télétravail, connaître et activer les leviers intrinsèques de motivation de chacun est particulièrement important car l'autonomie impose de s'automotiver.*

Vous trouverez ici une approche simplifiée des leviers de motivation pour déclencher facilement la discussion en équipe sur ce qui nous motive.

Échanger avec l'équipe sur ces leviers de motivation et en tenir compte permet de booster vos projets à distance. Dans l'application d'intelligence collective laWEbox, de nombreux managers et chefs de projets échangent sur leur mise en pratique du levier de motivation intrinsèque.

Je propose de simplifier l'approche en partant sur ces neuf leviers de motivation* :

- les valeurs de l'entreprise, sa marque, ce qu'elle incarne ;
- le sens de sa contribution personnelle, son utilité – qu'elle soit au service de l'équipe ou de la planète ;
- une vision et des objectifs clairement définis ;
- le goût du challenge et du dépassement de soi ;
- la rémunération ;
- être reconnu comme expert dans son domaine ou pouvoir continuer à apprendre (les deux notions sont regroupées sur une carte mais il peut s'agir de l'un ou l'autre) ;
- l'esprit d'équipe, l'ambiance, la qualité des relations de travail ;
- utiliser sa créativité et pouvoir proposer des idées ;
- de l'autonomie pour pouvoir gérer son temps ou ses priorités.

À la fin de ce chapitre, vous trouverez ces neuf leviers sous forme de cartes, que vous pourrez soit découper, soit reproduire sur des papiers de différentes couleurs. Les cartes imprimées se partagent par exemple en binôme, et chacun choisit et montre celle qui correspond le plus à son levier de motivation principal. Le recours à des cartes, qu'elles soient en papier ou affichées à l'écran, est idéal et ludique pour échanger sur ces sujets. Et maintenant je vous en livre le mode d'emploi.

* Cette démarche initialement empirique a prouvé son efficacité au fil des années auprès de nos clients.

## PETITES ACTIONS du quotidien

### 58 Utiliser les cartes de motivation pour booster sa motivation à distance

Le télétravail continu ou généralisé étant une situation nouvelle, il faut parfois réinventer vos façons de faire qui étaient jusque-là naturelles, automatiques, voire ritualisée.

À partir des cartes, questionnez-vous à titre personnel en identifiant ce qui vous motive. Connaître et verbaliser son principal levier de motivation vous aidera à trouver comment mettre du cœur à l'ouvrage en télétravail.

- **Motivé par l'esprit d'équipe ?** Appelez vos collègues et prenez des nouvelles, organisez des *icebreakers* (voir page 150) et des moments informels.

- **Motivé par la créativité ?** Proposez d'explorer des outils de collaboration à distance.

LA MINUTE #LAWEBOX

Identifiez votre principal levier de motivation en ce moment et notez-le sur une feuille.

### 59 Se motiver, ça commence par manager son manager

Faites part à votre manager des points qui vous démotivent, faites-lui des suggestions pour changer les choses, proposez qu'il vous accompagne dans ce sens. Déterminez également ensemble les modalités de suivi de vos travaux, les rituels et routines de suivi qui vous correspondent. Demandez-lui au besoin de préciser votre principal indicateur de performance. Précisez ensemble la fréquence de suivi pour que vos interactions soient utiles. Veillez aussi à ce que ce cadre puisse être décliné de façon opérationnelle à distance. Recueillez régulièrement l'avis de votre N + 1 et challengez-le pour renforcer son esprit de responsabilité.

> *« Le patron n'est pas omniscient. Si vous avez des problèmes, il faut commencer par lui en parler. Il faut savoir manager son manager. »* (Virginie Bapt, coach[28])

## Actions PLUS IMPLIQUANTES

### 60 Adapter les réunions en fonction des leviers de motivation des collègues et des équipes

Puisque vos interlocuteurs ont également des leviers de motivation plus ou moins forts, les connaître vous permet d'adapter la structure des réunions, leur déroulé, la répartition des rôles dans l'équipe, les outils proposés, etc.

J'ai testé à plusieurs reprises l'approche des neuf leviers de motivation et mes contacts ont souvent été bluffés de constater que cette discussion en équipe les éclairait sur le comportement de chacun : « Je comprends mieux pourquoi Untel questionne toujours les projets, il a choisi la carte “Importance d'avoir des objectifs clairs”, je serai plus vigilante à l'avenir ! Et Untelle, qui apportait toujours le petit déjeuner au bureau, a choisi la carte “Importance de l'esprit d'équipe” ; on lui a donc proposé d'organiser des rituels sympas à distance et il s'est éclaté ! »

Discutez avec vos équipes et/ou vos collègues pour savoir ce qui les motive réellement, puis adaptez votre fonctionnement, vos réunions ou votre management en connaissance de cause. En pratiquant cet exercice, vous serez surpris de découvrir la variété des leviers de motivation autour de vous. Peut-être que les *icebreakers* (voir page 150) que vous essayez de lancer ne prennent pas, car votre équipe attend surtout des objectifs clairs et de l'autonomie !

Par exemple, pour stimuler la motivation des participants dans une réunion à distance, demandez à vos interlocuteurs ce qui leur donne envie de participer en démarrant par cet *icebreaker* : affichez à l'écran les neuf cartes et invitez chacun à répondre à la question « Parmi ces neuf thèmes, qu'est-ce qui vous donne envie de travailler sur notre projet ? »

Renouvelez l'expérience régulièrement. Cette approche est utile ponctuellement pour un projet donné, une équipe ou une période particulière. Elle est intéressante sur la durée, car les leviers changent selon le contexte (avant et après le confinement, certains ont revu leurs priorités et leur motivation a évolué) et selon les projets.

## 61 Donner du sens, favoriser l'autonomie et créer de l'interaction pour motiver ses collègues

Si vous ne faites pas l'exercice des neuf leviers en équipe, focalisez-vous au moins sur les plus fréquents. Demandez-vous comment créer un bon esprit d'équipe et des interactions de qualité, mettre du sens dans la présence de chacun et favoriser l'autonomie de tous (lors des enquêtes postconfinement de laWEbox[29], ce sont les trois leviers de motivation qui ont été le plus choisis).

Présenter son projet et interagir à distance ne se limite pas à commenter des *slides* PowerPoint ! Pour que les participants constatent que leur présence fait sens, écoutez-les en ayant recours à des outils ou à des animations adaptées.

- Quiz, tour de table des humeurs et des questions : « Qu'est-ce qui vous gêne le plus dans... », « Si c'était à refaire, que changerait-on ? » Surtout, évitez l'interrogation : « Vous avez des questions ? », qui est, comme le rappelle Richard Strul, « le meilleur moyen d'être confronté à un grand silence. En général, les conférenciers professionnels qui animent des tables rondes "fournissent" la première question ou inversent la donne en interrogeant l'auditoire, avec une question fermée le plus souvent. [...] Les "tours de tables" sont également une façon de créer de l'interaction collective. Il est délicat pour un participant de s'y soustraire[30]. »

- Tableau blanc, *chat*, nuages de mots, avis, tableaux de Post-it® pour faire remonter les idées, etc.[31]

Pour que les participants se sentent autonomes dans les préparatifs de la réunion, favorisez l'accès aux informations en amont plutôt qu'une information descendant en *live* et définissez des objectifs précis pour qu'ils les atteignent en autonomie. Voici deux pistes qui vous permettront de favoriser des échanges de qualité et chaleureux.

- Mettez du fun et du rythme : animez des *icebreakers* (voir page 150), faites une ola comme dans les matchs, simulez des checks à distance avec vos mains, partagez l'humeur du jour, célébrez les succès (même mineurs !).
- Avouez les petites erreurs du quotidien avec simplicité.

## Actions à destination des MANAGERS ET DES CHEFS DE PROJETS

### 62 Motiver par les forces pour donner envie de performance

Voici une approche complémentaire pour (se) motiver. Elle a d'autant plus de poids à distance que la reconnaissance d'un travail bien effectué se fait plus rare. En effet, un collaborateur – ou vous-même – ne peut pas être récompensé chaque fois qu'il fait quelque chose de bien. La récompense, chacun doit donc la trouver dans ce qu'il fait.

J'ai découvert récemment l'approche dite appréciative *via* le livre *L'Entreprise appréciative : quatre piliers pour donner envie de performance*[32], de Muriel Radal. Cette approche consiste à créer les conditions pour que chacun mette ses points forts au service du développement de l'équipe et des projets.

Muriel Radal explique qu'« une démarche appréciative* permet d'identifier les forces individuelles et collectives plutôt que d'améliorer les faiblesses ; voir les efforts fournis plutôt que les objectifs non atteints ; analyser les réussites plutôt que les échecs ; valoriser ostensiblement l'engagement plutôt que de pointer le doigt sur le manque de résultats. Cela met dans une énergie positive qui donne envie de passer à l'action. »

## LA MINUTE #LAWEBOX

Puisque nous parlons des forces de l'équipe, parlons aussi des vôtres. Une dizaine de forces sont fréquentes chez les équipes « appréciatives ». Quelles forces avez-vous parmi celles-ci : authenticité, courage, équité, humilité, intelligence sociale, leadership, maîtrise de soi, optimisme, ouverture d'esprit, sagesse ?

Pour faire grandir une équipe avec cette démarche, après avoir fait l'état des lieux de ses forces, passez à l'action.

- **Interrogez le travail et prenez de la hauteur en équipe pour vous poser les bonnes questions.** Si tout est toujours urgent et important, on risque de rester le nez dans le guidon. Il faut donc se poser les bonnes questions. Cherchez les questions puissantes en lien avec votre travail : y a-t-il une baisse d'énergie dans l'équipe ? Un manque de sens ? Quel est le frein au développement de notre équipe, de notre projet ? Comment évoluons-nous ? Sommes-nous innovants ?

- **Créez des conversations puissantes autour de ces questions qui impliquent et engagent l'équipe.** Les équipes terrain sont les plus à même de trouver des solutions en s'appuyant sur le quotidien de chacun, sur ce qui fonctionne bien. Cela va booster leur motivation.

* L'adjectif « appréciatif » signifie « apprécier ce qui doit l'être ».

- **Faites confiance aux processus émergents de ces conversations.** Cela peut déboucher vers une prise d'initiatives et l'émergence d'idées innovantes ou de solutions nouvelles. La dynamique créée par ce processus de questionnement va permettre de développer des talents insoupçonnés...

## JE RÉVEILLE LA FLAMME DE LA TEAM À DISTANCE

Les visioconférences s'enchaînent, chacun produit, chacun déroule. Face à la transformation perpétuelle des marchés et des attentes, n'ayez pas peur de vous réinventer au sein de l'équipe et de casser ainsi la routine liée au travail à distance.

La méthode de *Moteurs d'engagement* qui vous y aidera se résume en quatre mots : positif, audacieux, reconnaissant, à l'écoute. Pour aller un cran au-delà, découvrez des actions briseuses de routine.

### PETITES ACTIONS du quotidien

#### 63 Appeler une personne différente par semaine

Une bonne technique antiroutine pour un temps d'échange informel avec des collègues.

#### 64 Optimiser la gestion des e-mails pour éviter l'épuisement

À distance, les messageries digitales sont très sollicitées, puisque tous les échanges passent par la technologie. Voici quelques astuces recueillies au fil des rencontres pour éviter que les e-mails soient des briseurs de productivité et que toute l'équipe soit épuisée.

- Classez les e-mails selon l'action requise, par ordre de priorité, selon que vous soyez en direct ou en copie, cela permet aussi de clarifier vos tâches et vos objectifs.

- Attribuez une couleur à tous les e-mails arrivant de son manager ou de ses clients.

- Classez les e-mails par thème, avec des sous-catégories.

- Répondez immédiatement si c'est urgent, prévenez que vous répondrez plus tard si ce n'est pas le cas.

- Repassez en mode « non-lu » les e-mails plus longs à traiter pour y revenir ultérieurement.

- Créez des règles de classement automatique.

LA MINUTE #LAWEBOX

Certains ne consultent leurs e-mails que deux fois par jour.
Et vous ?

## 65 Optimiser la gestion du temps pour éviter l'épuisement

Voici quelques astuces de champions de la gestion du temps pour vous aider à garder votre cerveau engagé et éviter de vous éparpiller.

- **Respectez le « principe de Premack ».** Cette méthode éducative formulée en 1959 par le psychologue David Premack invite à programmer une activité agréable qu'on accomplira seulement quand on en aura terminé avec ses « corvées ». Commencez la journée par les tâches les plus ardues ou les plus importantes, et terminez-la par les plus faciles ou les plus agréables. Réservez plus de temps pour ce qui est difficile ou pour ce qui vous ennuie.

- **Variez vos tâches au sein d'une journée** en alternant les types d'activités, qu'elles soient difficiles ou faciles.

- **Contrôlez vos réalisations chaque jour, chaque semaine, chaque mois.** Un plan n'est utile que s'il est suivi d'effets.

*À distance, ce n'est plus seul le manager ou le chef de projet qui est responsable. Tous les membres de l'équipe deviennent coresponsables.*

## Cartes de motivation

**CE QUI ME MOTIVE POUR TRAVAILLER ENSEMBLE**

L'entreprise, la marque, les valeurs qu'elle incarne

**CE QUI ME MOTIVE POUR TRAVAILLER ENSEMBLE**

Le sens qu'a ma contribution, l'intérêt pour mon travail

**CE QUI ME MOTIVE POUR TRAVAILLER ENSEMBLE**

Une vision et des objectifs clairement définis

## Cartes de motivation

**CE QUI ME MOTIVE POUR TRAVAILLER ENSEMBLE**

Le goût
du challenge
et du dépassement

**CE QUI ME MOTIVE POUR TRAVAILLER ENSEMBLE**

La rémunération

**CE QUI ME MOTIVE POUR TRAVAILLER ENSEMBLE**

Être reconnu comme
expert dans mon
domaine
OU
Continuer
à apprendre

## Cartes de motivation

CE QUI ME MOTIVE POUR TRAVAILLER ENSEMBLE

L'esprit d'équipe,
l'ambiance,
le relationnel

CE QUI ME MOTIVE POUR TRAVAILLER ENSEMBLE

Utiliser ma créativité
pour proposer
des idées

CE QUI ME MOTIVE POUR TRAVAILLER ENSEMBLE

L'autonomie
pour pouvoir
gérer mon temps

# Chapitre 4

# Je chef-de-projette ou manage à distance

Chaque membre de l'équipe est désormais invité à mettre son expertise au service du groupe, sans se voir. En termes de suivi d'équipe ou de projet, le télétravail a vu émerger le management responsabilisant, le management par la confiance, seule manière efficace de voir avancer les projets à distance. Comment continuer dans cette direction ?

En 2016 déjà, le Forum économique mondial avait identifié les 10 compétences déterminantes pour le management de 2020[33] :

1. Résolution de problèmes complexes.
2. Pensée critique.
3. Créativité.
4. Gestion des personnes.
5. Coordination avec les autres.
6. Intelligence émotionnelle.
7. Jugement et prise de décision.
8. Souci du service client.
9. Négociation.
10. Flexibilité cognitive.

Vous constaterez que ces compétences :

- sont quasiment toutes des *softskills*, c'est-à-dire des compétences non techniques ;
- sont liées à votre capacité d'interaction avec les autres ;
- réclament une bonne dose de responsabilisation.

Pour avancer dans cette voie, je me suis intéressée aux organisations dites « responsabilisantes », « libérées », « flat » « agiles », etc. Certaines ont de beaux résultats en étant allés jusqu'à supprimer les comités de direction devenus inutiles, pour mettre leur énergie ailleurs. Les organisations de ce type recherchent toujours le consensus sur les sujets clés, même si cela peut générer une prise de décision plus lente. Mais la transparence dans les décisions booste l'engagement et évite la constitution de silos entre les services. Gore-Tex fonctionne sur ce modèle avec 7 000 collaborateurs. Et des sociétés proches du dépôt de bilan ont connu une renaissance en mettant en place ce type de fonctionnement, qui libère la créativité et le sens du client.

### LA MINUTE #LAWEBOX

**Savez-vous que 58 % des collaborateurs d'entreprises françaises dites innovantes déclarent prendre une décision de façon autonome, sans demander l'avis de leur manager (contre 24 % pour les autres entreprises[34]). Chez vous, quel serait ce pourcentage ?**

La bonne nouvelle, c'est que tout le monde peut appliquer à l'échelle de son équipe certaines bonnes pratiques inspirées de ces organisations responsabilisantes, collaboratives. Nous allons donc décortiquer le meilleur de ces pratiques adaptables à l'échelle de votre entreprise, votre projet, votre équipe.

Pour commencer, rappelons les grands principes de l'agilité :

- finis les cahiers des charges complexes et difficilement tenus ;
- avec l'agile, on délivre petit à petit et de façon récurrente des avancées concrètes, pour montrer que les projets progressent ;
- et on ajoute au fur et à mesure d'autres aspects du projet en lien avec toutes les parties prenantes.

Cela paraît simple ! L'agile repose sur ces quatre piliers :

- les individus et leurs interactions plus que les processus et les outils ;
- des logiciels opérationnels plus qu'une documentation exhaustive ;

- la collaboration avec les clients plus que la négociation contractuelle ;
- l'adaptation au changement plus que le suivi d'un plan.

Le management, c'est dans les pratiques quotidiennes qu'il se fait ou qu'il se défait. Quelles sont les actions adéquates pour vos projets à distance ? Ce chapitre est le plus technique du livre, mais aussi celui dont la portée est la plus puissante. C'est pourquoi je vous propose de l'illustrer par des exemples étoffés.

Une précision : le terme « manager » peut être lu ici plus largement pour renvoyer à un management de projet ou d'équipe, et pas uniquement un management hiérarchique.

## INFORMATIONS, INDICATEURS ET PRIORITÉS DE L'ÉQUIPE

### 66 Pour alimenter l'audace et l'innovation*, utiliser la force du « Pourquoi »

Cherchez le vrai problème à résoudre : « Quel est le problème ou le challenge à relever ? », « Comment voyez-vous la problématique ? », « Pourquoi c'est ça le problème ? », « Pour quelle raison dites-vous que... ? »

Le « Pourquoi » d'un problème se lit également « Pour quoi » : « Pour quoi faire ? », « Pour quoi se réunir ? » Ce questionnement permet également d'aller chercher les irritants**. N'hésitez pas à adopter une position divergente pour nourrir le débat. Ce processus itératif, qui nécessite de bien connaître l'environnement de la situation traitée, permet d'arriver à la vraie source du problème à résoudre, souvent différente du sujet posé au départ, car plus précise ou plus complexe.

* Je vous renvoie à la clé n° 8 du chapitre 1, page 39.

** Dans le langage de l'entreprise, ce terme désigne les problèmes et autres grains de sable dans les rouages qui gênent, irritent....

La méthode de « l'arbre des causes » permet ainsi d'aller chercher la racine des problèmes à résoudre pour éviter qu'ils ne reviennent. Pour cela remontez jusqu'aux causes fondamentales de votre « fait » par trois questions :

- Qu'est-ce qu'il a fallu pour que ce fait ce produise ?
- Cette cause était-elle nécessaire ? (Si la cause ne se produit pas, le fait ne se produit pas.)
- Cette cause était-elle suffisante ? (A-t-elle engendré seule le fait suivant ?)

Quand l'arbre est bâti, cherchez des solutions pérennes pour éviter la récurrence des causes.

Les pratiquants affirment que ce type de questionnement fonctionne dans quasiment tous les cas s'il y a une volonté d'ouverture, indispensable. À distance, il fait du bien, car il permet de clarifier les priorités et d'engager tout le monde dans le plan d'action.

## 67 Pour alimenter encore mieux l'audace et l'innovation, prendre à bras-le-corps les problèmes récurrents

Pour cela, utilisez l'arbre des causes. Concentrez-vous sur le problème que vous souhaitez éviter et remontez jusqu'aux causes fondamentales en vous aidant de ces trois questions :

- Qu'est-ce qu'il a fallu pour que ce fait se produise ?
- Cette cause était-elle nécessaire ? (Si la cause ne se produit pas, le fait ne se produit pas.)
- Cette cause était-elle suffisante ? (A-t-elle engendré seule le fait suivant ?)

Quand l'arbre des causes est bâti, cherchez des solutions pérennes pour éviter la récurrence des causes.

## 68 Donner accès à l'information avec humilité pour mettre les équipes en confiance

Le management directif joue sur l'ego et la peur des collaborateurs : les reproches pleuvent sur celui qui ne fait pas ce qu'on lui demande et, à l'inverse, on flatte celui qui fait bien ce qu'on lui demande. Or le postulat d'une collaboration efficace réside dans un manager qui sait mettre en confiance ses équipes afin qu'elles cessent d'avoir peur et se responsabilisent.

Dans l'animation de communautés managériales *via* laWEbox et dans mes travaux d'auteur, je suis frappée par la simplicité des dirigeants des organisations qui appliquent ces bonnes pratiques. Que ce soit chez des dirigeants de PME comme Airfoils, Kyos ou Loyco, ou dans des équipes agiles de grands groupes, comme SNCF, BNP Paribas.

L'accès à l'information est pour tous un pilier de la collaboration, car il permet de faire bouger les choses. Pour une coopération à distance, le manager peut et doit créer les conditions qui permettront à chacun d'être autonome afin de trouver l'information dont il a besoin. Ainsi chacun y a accès avec transparence et égale considération. Donc, prenez l'habitude de diffuser les informations en même temps pour toute l'équipe.

Mais avoir accès à l'information ne signifie pas être débordé d'infos inutiles ! L'accès structuré et systématique à toute l'information permet de libérer l'énergie dépensée à décrire en réunion l'ensemble des tâches réalisées comme pour « justifier » le travail effectué à distance. Cette bonne pratique permet de concentrer les rituels d'équipes sur les informations importantes qui font avancer les projets.

## 69 Définir un cadre clair sur le fonctionnement de l'équipe

Voici quelques astuces que vous pouvez mettre en œuvre pour y parvenir.

- **Définissez et partagez les principes et règles du jeu de l'équipe :** rôles, enjeux, rituels et objectifs, en veillant à ne pas survaloriser les personnes que vous voyez plus souvent physiquement au bureau par rapport à celles qui sont plus souvent à distance.

- **Dédiez un point d'équipe à la coconstruction des règles :** partagez les questions en amont (« Comment fait-on pour s'informer d'une contrainte d'une urgence ? »), puis cherchez ensemble des solutions en tenant compte des contraintes des clients et des partenaires. Testez ces règles et ajustez-les dans le temps pour trouver petit à petit le bon fonctionnement.

- **Partagez un calendrier** avec les plages de travail de chacun.

- **Vous pouvez aussi formaliser un *mapping* des équipes,** c'est-à-dire une cartographie qui consiste à regrouper les informations clés : qui est en télétravail ou en présentiel ? Qui est joignable, quand et comment ? Quelle est la règle si on essaie de joindre quelqu'un non disponible ? Quel délai de réponse est attendu ? Si l'équipe est géographiquement éparpillée, formalisez-la sur une carte du monde ou de la région et diffusez au besoin ces informations à vos collègues, clients et fournisseurs, qui sauront ainsi comment fonctionner avec vous.

- **Le *mapping* peut être plus poussé sur le fonctionnement de l'équipe en partageant un *give and take* :** chaque fonction, service ou entité participant à un projet partage ce qu'elle apporte à l'équipe et ce qu'elle attend des autres (expertise, ressources, décisions, organisation, relais d'information, etc.).

## LA MINUTE #LAWEBOX

On ne va pas se mentir : c'est complexe de définir ses priorités quand on travaille à distance : partager l'information ? Participer aux temps collectifs ? Répartir clairement le travail ? Simplifier les procédures ?
Verbalisez en trois mots, sans attendre, votre objectif du moment, votre challenge à résoudre.

## 70 Clarifier les indicateurs de performance de chacun

Le manager ou le chef de projet qui ne peut plus – et c'est une bonne chose – évaluer ses équipes sur leur simple présence doit apprendre à les évaluer sur leur efficacité.

### LA MINUTE #LAWEBOX

Inspirez-vous de cette citation d'Ilona Boniwel: « Votre emploi du temps reflète vos choix », pour vous questionner pendant 5 minutes sur ce que signifie votre performance individuelle.

Manager par les KPI*, c'est suivre des indicateurs de mesure de la valeur ajoutée de chacun, son impact. Cela s'appelle le *smart job* ou le management du *delivery*.

Cette approche exige de travailler en équipe pour trouver les bons indicateurs. Soyez clair et précis ! Il n'y a pas que le cours de Bourse qui mesure l'efficacité de chacun, d'autres indicateurs proches du terrain peuvent être de bons objectifs : le taux de satisfaction des clients, le nombre de clics sur un site, le nombre d'appels téléphoniques, le nombre de factures saisies, le nombre de problèmes résolus ou de lignes de codes mises en production, etc. Le but est que chacun sache quel est son objectif et ait accès à l'information nécessaire pour l'atteindre afin de pouvoir s'engager à délivrer une prestation dans un délai donné.

Dans ce cas, à quoi servent les managers et les chefs de projet ? Leur mission se recentre alors sur l'animation de leur tribu pour débloquer les situations, motiver par leur leadership, trancher sur les décisions délicates. Avec cette approche indispensable pour coopérer à distance, chacun devient petit à petit entrepreneur de sa vie professionnelle, à l'image d'un free-lance qui doit rendre des comptes à son client.

---

* Acronyme de *key performance indicator*, ou indicateurs clés de performance.

Rentrons plus dans le vif du sujet avec le témoignage de Gaëlle Prévost, manager agile de la SNCF qui a adopté ces techniques connues pour protéger l'équipe, satisfaire les clients internes et tenir le budget.

*Mon équipe est responsable du développement d'applications mobiles qu'utilisent 13 500 contrôleurs des trains pour contrôler les passagers, encaisser les amendes et conseiller les voyageurs. Les agents utilisateurs nous font continuellement des demandes de nouvelles fonctionnalités pour mieux servir nos voyageurs. Nos clients internes ont des objectifs business de satisfaction des voyageurs et de diminution de la fraude que nous devons satisfaire. Enfin, il nous faut gérer et développer les applications tout en respectant les budgets alloués et contraints. Quelles fonctionnalités prioritaires développer ? Comment éviter les critères subjectifs de décision ?*
*En tant que manager, j'ai tenu à fluidifier ces décisions, à la fois pour protéger l'équipe, satisfaire les clients internes et tenir le budget.*

*Nous avons organisé les règles de décisions sur des critères factuels de valeur apportée par toute demande de développement. Cette valeur est la somme des points alloués aux quatre réponses à la question : « Ce développement apporte-t-il... :*

*a) ... de la valeur pour les utilisateurs sur le terrain ?*

*b) ... de la valeur pour la lutte antifraude ?*

*c) ... de la valeur en termes de simplification ?*

*d) ... une réponse à une obligation réglementaire ?*

Un suivi hebdomadaire de la valeur ajoutée permet de mesurer régulièrement ce sur quoi chacun sera jugé. Ce suivi factuel est très motivant pour les équipes. Voici par exemple les indicateurs mis en place par Gaëlle Prévost.

- **Suivi de la satisfaction des utilisateurs.** *Nous nous engageons à avoir une satisfaction des utilisateurs de plus de 80 % ce qui est gratifiant pour l'équipe.*
- **Suivi du taux d'utilisation des nouvelles fonctionnalités demandées.** *Ce suivi factuel permet d'améliorer la notion de*

*valeur et de monter en maturité sur l'exercice de priorisation : « Vous nous aviez dit que la fonctionnalité n° 17 avait de la valeur, nous l'avons développée et en fait on se rend compte qu'elle n'est pas utilisée. » Chacun est donc responsabilisé sur la façon dont il décrète que telle demande apporte de la valeur ou non au produit.*

• **Suivi de notre contribution à l'objectif business global de nos clients internes.** *Nous suivons l'utilité de notre solution digitale pour les agents contrôleurs des trains : nombre de contrôles de titres, réduction de la fraude, etc. Au-delà du fait de coder ou de tester une application digitale, cela donne du sens au travail de l'équipe, qui se sent utile. Cette vision c'est notre raison d'être. Cela justifie chacune de nos missions quotidiennes. Poser cet objectif stratégique a été essentiel pour l'engagement des équipes.*

• **Suivi de la qualité du développement,** *avec une étape de test et recette par les agents eux-mêmes puis une supervision et un décompte des anomalies. Cela répond à une obligation évidente de contrôle pour décider ou non de donner le GO à une mise en production d'une nouvelle fonctionnalité. Ce décompte affiché a également d'autres vertus : il responsabilise et montre à l'équipe qu'au fil du temps ils codent mieux. En tant que manager j'aurais pu dire que mon unique priorité est « un codage sans faute » mais ce n'est pas l'objectif stratégique de l'équipe que j'ai choisi. Je privilégie l'amélioration continue et surtout le sens orienté business de notre mission.*

• **Suivi de notre délai de réactivité.** *Nous nous engageons à livrer des développements tous les 15 jours pour faire évoluer le produit et adapter l'expérience proposée aux agents dans les trains. Ces objectifs courts motivent l'équipe qui voit régulièrement le fruit concret de son travail.*

• **Suivi de l'entraide au service de l'amélioration continue.** *La collaboration est dans notre ADN. Nous suivons par exemple le nombre de kilomètres effectués par l'équipe sur le terrain, dans les trains, pour rester au plus près de nos utilisateurs. Tout cela est effectué dans une ambiance fun, simple, authentique qui nous* *caractérise. Nous mesurons également l'entraide avec un suivi des coups de pouce demandés ou apportés en interne. »*

Retenez que ce fonctionnement permet de prioriser objectivement les demandes, sans bras de fer ou négociation entre les parties prenantes. Devenus inutiles, les comités de pilotage sont supprimés pour mettre son énergie ailleurs.

Organiser les décisions de l'équipe sur des critères de valeur apportée crée les conditions de discussions, apaisées, objectives, transparentes. In fine ce fonctionnement crée la confiance entre toutes les parties prenantes du projet et chacun sait pourquoi tel besoin exprimé est prioritaire ou non.

Avec ces indicateurs de suivi, chacun est libre de contribuer à sa façon en respectant ce cadre. Cela crée une adhésion très forte, les équipes s'autorégulent. Encore mieux, avec ce mélange d'entraide, d'autonomie et de fun, elles s'épanouissent. *In fine*, ce fonctionnement créé la confiance entre toutes les parties prenantes du projet.

### LA MINUTE #LAWEBOX

À votre avis, comment marche la coopération chez les abeilles ou les fourmis ? Comment se coordonnent-elles ? Et qu'est-ce qu'on peut leur « piquer » comme bonne idée ? Dessinez, peignez, collez, griffonnez ou écrivez ce que cela vous inspire avant de le partager autour de vous.

## 71 Former tout le monde aux bilans comptables

Mettre en place des indicateurs en toute transparence pour que tout le monde comprenne son impact dans l'entreprise a pour corollaire la nécessité de former tout le monde à analyser les bilans comptables.

En se questionnant sur leur performance individuelle ou sur celle de leur équipe (action n° 70), certains butent sur le manque d'informations permettant de la mesurer.

Pour prendre un cas concret, mettons-nous à la place de John, dont la mission est d'animer les réseaux sociaux d'une entreprise. Il met son énergie à générer des *likes* sur les réseaux sociaux de son entreprise ; il pourrait se demander si le coût de son salaire et des prestations qu'il consomme (paie, comptabilité, prestataire de marketing digital, achats de clics, etc.) sont couverts par la valeur ajoutée apportée par ces *likes*. Et se posant cette question, peut-être que sa priorité deviendrait différente : il pourrait ainsi générer plutôt des téléchargements de plaquette commerciale ou des inscriptions à des événements commerciaux plutôt que seulement des *likes*. Et si John ne se pose pas cette question, Marie et Quentin, ses collègues du service voisin, pourraient s'interroger sur l'utilité de la mission de John et sa légitimité à consommer 23 % du budget de l'équipe, alors que le recrutement d'un stagiaire en renfort leur a été refusé.

Partager de façon transparente sur la performance individuelle et financière de chacun permet de clarifier les missions et la place de tous les membres de l'équipe. Lorsque John apportera une centaine de prospects à chaque événement digital et que leur rentabilité aura été démontrée, plus personne ne mettra en doute la place qu'il occupe et la pertinence du budget qui lui est alloué.

> *« Ma présence coûte tant et doit donc rapporter tant. Mes actions génèrent telle réussite pour l'entreprise, qui se reflète dans les chiffres. »*

## MES RITUELS DE SUIVI

### 72 Créer des rituels de suivi factuel des projets

Les méthodes agiles permettent de délivrer ce qui a le plus de valeur et qui est le plus pertinent pour les clients finaux, tout en sécurisant les budgets. Leur efficacité a fait ses preuves.

De quoi s'agit-il ? Le fonctionnement d'une équipe agile est marqué par des rituels qui rythment et cadrent des projets. Ces rituels structurent les interactions avec toutes les parties prenantes, au service du livrable opérationnel attendu. Ces méthodes factuelles garantissent l'efficacité d'un projet et l'engagement de tous.

Pourquoi adopter ces formats à distance ? Pour garder l'engagement de tous.

Voici trois grands marqueurs des équipes agiles dont vous pouvez vous inspirer.

- **Sprints de 15 jours.** Toutes les deux semaines, une équipe agile fait la démonstration opérationnelle de ce qui a été réalisé. Avec des échéances de livraisons rapprochées, les équipes se rendent compte de l'utilité de ce qu'ils font. Ces objectifs à court terme donnent du sens au travail de chacun et sont fédérateurs. Toutes les parties prenantes sont invitées aux démonstrations de fin de sprint (contributeurs, clients finaux, utilisateurs, etc.) pour valider la pertinence de ce qui a été développé. Leur feedback mobilise l'équipe autour du bénéfice de ce qu'ils ont conçu.

- **Rituel du matin : le *daily scrum*.** Au sein d'un sprint, tous les membres d'une équipe agile se parlent chaque matin sur la base d'un document partagé, pour faire le point sur ce qui a été fait la veille et doit être fait le jour même. Tous les sujets opérationnels y sont ainsi traités au fil de l'eau. Ce rituel de 30 minutes permet de faire appel à l'entraide pour avancer sur le livrable (« Je suis en retard sur ce point, qui peut m'aider ? »). Ce rituel structurant permet d'être réactif pour réaligner tout le monde vers l'objectif opérationnel du jour.

- **Rétrospective.** À chaque fin de sprint, une rétrospective permet de faire le point sur la façon dont l'équipe agile s'est organisée pendant les deux semaines. Chaque rétrospective met le doigt sur les problèmes de fonctionnement de l'équipe et sur les ressentis de chacun (« Tel outil a été mal utilisé, la procédure n'a pas été respectée on a perdu du temps. »). Une rétrospective met de l'huile dans les rouages. Un panel de techniques d'animation permet d'animer ce rituel pour éviter la routine, notamment la méthode du *speed boat* décrite dans le chapitre consacré au feedback (voir page 66).

## DÉLÉGUER À DISTANCE

Avec le télétravail qui se pérennise, la délégation prend une place particulière : « Si l'employeur peut contrôler l'activité de ses salariés, il ne peut les placer sous surveillance permanente », indique ainsi la Cnil*. Il est par exemple interdit de surveiller un employé en l'obligeant à « allumer sa webcam tout au long de son temps de travail pour s'assurer de sa présence derrière son écran[35]. » Pour que la Cnil ait ainsi, pendant le confinement, senti le besoin de préciser que la surveillance permanente des employés en télétravail est interdite, c'est que le chemin de la transformation culturelle est encore long.

La délégation est un levier de performance qui oblige à s'interroger sur ses pratiques. « Le traditionnel *command and control* doit céder la place à un management par la confiance[36]. » Compris, mais comment faire ? Vous devez en effet déléguer, c'est-à-dire demander de l'autonomie à vos équipes, mais sans pouvoir réguler cette délégation au quotidien à travers les échanges informels que vous pouviez avoir au bureau.

La délégation pose la question du rôle d'un collaborateur et de son supérieur hiérarchique ou donneur d'ordre. Profitez du passage au distanciel pour clarifier ces rôles qui peut-être jusque-là étaient implicites.

Manager ou managé, pour asseoir votre légitimité à distance, apportez chacun des éléments factuels et faites preuve de pédagogie. Centrez-vous sur les résultats attendus ou réalisés, vos besoins, vos ressources disponibles, les décisions prises, les questions à résoudre.

Quelles sont vos difficultés et comment vos équipes ou votre supérieur peuvent-ils vous aider à les résoudre pour contribuer à la réussite de vos chantiers ? Cherchez ensemble des idées pour optimiser certaines tâches, réorganiser le travail dans l'équipe, demander la solidarité d'autres

* Commission nationale de l'informatique et des libertés.

services. Challengez-vous réciproquement pour renforcer l'esprit de responsabilité de chacun.

### LA MINUTE #LAWEBOX

Manager? Avant de passer à la suite posez-vous deux minutes sur cette question. Participez à créer les conditions de la pleine puissance de votre équipe en complétant cette analogie: « Expliciter en équipe nos règles de fonctionnement implicites, c'est comme... »

## 73 Fixer des objectifs à court terme pour avancer

À distance comme face à l'incertitude, on a besoin de premiers jalons modestes mais fréquents. Cette proximité temporelle permet à une toute l'équipe de rester engagée en lui donnant la conviction que la réalisation du projet est possible. Sur le principe de l'effet Pygmalion*, cette croyance améliore d'ailleurs les probabilités de succès.

> *« Les objectifs que tu te fixes t'aident*
> *à surmonter des problèmes provisoires. »*
> — Hannah More

Raccourcissez les périodes sur lesquelles les objectifs sont fixés, de façon artificielle ou à l'image des méthodes agiles présentées plus haut, pour garantir une bonne fréquence d'interactions à distance. Ces temps courts aident également à lever les obstacles au fil de l'eau, permettant à chacun d'avancer même si on ne se croise plus dans les couloirs.

---

* Mécanisme par lequel le comportement d'une personne est influencé par le degré de croyance en sa réussite qui émane d'une autorité ou de son environnement. Le fait de croire qu'une personne va réussir améliore ainsi ses chances de succès.

L'effet Kiss Cool de cette approche est qu'elle permet d'ajuster rapidement les actions au besoin. *Fail fast, learn fast, test and learn*, et vous verrez que c'est *fun to fail* !

Chez Thalès[37], une cheffe de projet agile fonctionne sur des objectifs à courts termes, suivis par des réunions courtes, quotidiennes et visuelles. Concrètement, en 15 minutes tous les jours, les membres de son équipe découpent les problèmes et les actions à terminer dans la semaine. Le Post-it®, qu'il soit physique ou digital, oblige à formaliser rapidement le problème et nécessite donc de préparer la réunion en amont.

La récurrence des minipoints quotidiens humanise : le fait de se parler souvent fait évoluer les comportements vers plus de proximité et de collaboration. « Alors que les meetings hebdomadaires étaient tendus, désormais les gens se parlent et les points se résolvent plus vite[38]. »

## 74 Intégrer l'intelligence émotionnelle dans la délégation

Déléguer nécessite de comprendre la place de l'émotion dans le management. Dans cette perspective, Alain Julia, consultant chez blconsultants*, m'a présenté le modèle de Karasek**, qui invite à s'interroger sur deux notions :

- **le niveau de la demande psychologique lié à la mission déléguée.** Cela questionne la charge de travail déléguée, la façon dont la personne reçoit une demande de son N + 1 et la façon dont la tâche lui est confiée. En télétravail ou pour des équipes éclatées géographiquement, la demande psychologique est plus forte, car il y a malheureusement une plus grande confusion entre temps de travail et temps personnels ;
- **le niveau de latitude décisionnelle qu'a la personne pour réaliser la mission qui lui est confiée.** Est-ce que le collaborateur doit utiliser des compétences qu'il maîtrise, ou est-ce une

* www.blconsultants.fr
** Robert Karasak, psychologue et sociologue américain, a créé le premier modèle de mesure du stress qui porte son nom.

opportunité de développement ? A-t-il de la marge de manœuvre pour participer aux décisions ou prendre des décisions pour réaliser cette mission dans les meilleures conditions ?

Une fois ces deux notions évaluées, Robert Karasek classe les situations managériales en quatre catégories : deux négatives et deux positives.

- **Sans demande psychologique élevée ni latitude décisionnelle,** il n'y a pas ni stress ni grand-chose à réaliser. La situation est neutre, la personne est passive.
- **À l'extrême inverse,** le sujet stressé juge sa latitude décisionnelle faible et la demande psychologique trop forte.

Entre ces deux extrêmes, il y a les deux configurations positives :

- **Si la demande psychologique est faible et la latitude décisionnelle forte,** le sujet est détendu et peut réaliser sa mission facilement.
- **Si la latitude décisionnelle est élevée avec une demande psychologique forte,** la personne est active et va trouver le moyen de développer ses compétences même si la charge de travail est élevée.

Pour déléguer à distance et être efficace sans générer de stress supplémentaire, le soutien social est donc fondamental. Il se perçoit dans une relation de qualité bien installée, qui permet l'écoute de signaux faibles et l'entraide.

### LA MINUTE #LAWEBOX

Recensez par des exemples les sujets où vous avez décidé de donner cette latitude décisionnelle à vos collaborateurs ou à vos équipes.

# JE M'OUTILLE POUR ANIMER MA COMMUNAUTÉ DE TRAVAIL

Rappelons que les problèmes que peut poser le télétravail ne résident pas tant dans les outils que dans la confiance accordée ou non. Toutefois, lorsqu'il y a une résistance au changement liée au travail à distance, certains outils peuvent aider à la débloquer.

## 75 Déployer du management visuel[30]

Le management visuel favorise une communication sans détour, en permettant d'avancer tous ensemble avec le même niveau d'information, ce qui consolide l'engagement du groupe.

Avant 2020, cet outil consistait à coller sur un mur un certain nombre d'informations clés, commentées lors de rituels d'équipes. Les équipes se réunissaient autour d'un véritable mur, pour observer et commenter les chiffres et les faits de la semaine. Il arrivait que certains soient en télétravail ou chez les clients et ils ne pouvaient donc pas toujours participer au rituel ; les photos des murs de management visuels étaient donc parfois envoyées par e-mail, mais sans grand enthousiasme.

La crise sanitaire a souligné l'efficacité de cette méthode, basculée en version digitale avec un *dashboard*. L'avantage apporté par le management visuel transposé en digital, c'est de vivre de façon équitable ce rituel avec les personnes connectées à distance, plutôt que d'envoyer une simple photo du mur.

De quoi s'agit-il précisément ? Sur l'écran des ordinateurs s'affiche donc un « mur » structuré visuellement, avec les informations clés nécessaires à la vie de l'équipe. Chaque semaine, toute l'équipe se réunit à distance autour du « mur » pendant 45 minutes. On discute tous ensemble, en toute simplicité, de n'importe quel sujet ayant un impact sur l'équipe. Parfois, il faut y « aller à la serpe » sur certains sujets, et c'est vertueux parce que ça pousse le groupe à décider.

Cet outil est créé en équipe – un facteur clé de son succès. Chaque équipe choisit collectivement la structure et les rubriques de son « mur » : les tops et les flops, la photo du mois, le planning, les infos RH, les congés de l'équipe, les anniversaires, les sujets à aborder, les anomalies, les difficultés, les points d'attention, les actions à mener et le suivi des projets.

Chacun peut ajouter ce qu'il veut sur le mur. Tout le monde l'alimente ainsi avec les sujets qu'il veut évoquer en réunion hebdomadaire.

L'objectif, c'est que les problèmes sortent. Or l'écrit et la distance désinhibent ! Si les équipes ont du mal à dire « Je ne m'en sors pas », « Je ne comprends pas », cet outil aide à libérer la parole et à partager les décisions.

Face à une question, le groupe apporte la réponse en *live* et les problèmes se règlent souvent tout seuls. Chacun voit comment les autres perçoivent un même problème. Échanger tous ensemble sur ce support crée de la transversalité. Les demandes de congés dans l'équipe se gèrent parfois aussi sur cet outil ! Chacun voit que la décision n'est pas facile à prendre et tient davantage compte des arguments des autres.

Il est cependant indispensable de cadrer le timing dédié à ce moment de partage, car ouvrir beaucoup de discussions fait courir le risque de perdre la direction.

## 76 Arrêter les présentations formelles et oublier les supports PowerPoint

Les présentations orales font partie des formats qui sont souvent supprimés à distance, au profit d'échanges plus simples, pour éviter de se noyer dans les chiffres et le formalisme descendant. Lorsque l'accès en amont à l'information est bien réorganisé, chacun y accède de façon asynchrone quand il le souhaite.

La réunion d'équipe s'oriente alors vers des interactions sur les informations clés ou les besoins d'aide quand quelqu'un est bloqué dans sa progression. Au-delà de la proximité qui résulte de ces nouveaux formats d'échanges, on constate que l'attention des équipes est plus forte.

### LA MINUTE #LAWEBOX

Face à l'inconnu, avec la distance, on risque de perdre le sens de son travail. Le sentiment d'appartenance à l'équipe peut également s'amoindrir. Que mettez-vous en place cette semaine pour booster ce point ?

## 77 Expérimenter des outils digitaux innovants

Quiz, tableaux blancs, *chat*, vidéos, nuages de mots, Post-it® digitaux, fond musical, votes en ligne, *smileys*, nuages de mots, etc. L'outil digital facilite l'émulation des participants :

- s'il est placé au bon moment ;
- s'il est techniquement maîtrisé ou simple d'usage ;
- s'il est utilisé à bon escient.

Voici quelques conseils pour utiliser les outils digitaux, car plonger dans le grand bain du télétravail nécessite également de faire quelques longueurs au préalable.

- Familiarisez-vous avec les outils en amont ! Cela nécessite d'investir du temps à la préparation pour se projeter dans ce format de réunion, avec un effet garanti pour booster les participants.

- Vérifiez en amont que les utilisateurs connaissent le fonctionnement de ces outils et lancez-vous.

- N'ayez pas peur du ridicule si tout ne fonctionne pas parfaitement, c'est l'occasion de tomber le masque, de mettre un peu d'humour et d'humilité ce qui fait du bien à tout le monde.

- Répétez en conditions réelles quand vous utilisez un nouvel outil. LaWEbox appelle cela des « filages », et après 30 événements digitaux, nous « filons » toujours intégralement nos événements.

- L'audace n'exclut toutefois pas d'être prévoyant : anticipez un plan B. À l'image du rétroprojecteur qui peut faire défaut pour animer une prise de parole en public et nécessite de disposer d'une copie papier pour le cas où, ici c'est l'e-mail qui sera votre allié en cas de problème.

- Partagez les « Questions les plus fréquentes » du ou des principaux outils que vous utilisez, ce qui permet à chacun de se connecter plus facilement.

- Si les outils ne sont pas votre tasse de thé, peut-être qu'un membre de l'équipe plus à l'aise peut animer certains aspects d'une réunion ? Misez sur les forces et talents « hors fiche de poste » de chacun.

- N'oubliez pas d'être précis sur le déroulé et les outils utilisés, car rien n'est implicite. Et demandez, lors de la prochaine réunion téléphonique : « Avant de commencer, est-ce que tout est clair et fonctionne pour tout le monde ? »

### LA MINUTE #LAWEBOX

Rendre les réunions à distance plus participatives est une gageure. Relevez le défi de proposer une animation digitale lors d'une réunion : un tour de table des avis ou un vote à distance, sur une idée, sur une décision, etc. Choisissez le sujet et l'outil, puis go !

## 78 Devenir ou prévoir un *community* manager

Le canal de communication non verbale étant moins performant à distance, veillez à soigner la clarté de vos messages, pour que tout soit explicite. Soyez attentif à la circulation et à la transparence de la communication sur les informations clés pour éviter une déperdition d'informations ou des interprétations erronées pouvant résulter de la distance.

Pour faciliter ces partages d'informations, intégrez dans votre projet un *community manager* : identifiez quelqu'un à l'aise avec les réseaux internes et qui pourra faire vivre l'équipe à distance (rythme de publications, ton adopté, partages d'informations, etc.) ou lancez un appel au volontariat. Vous pouvez bien sûr vous proposer pour ce rôle, mais n'oubliez pas que cela prend du temps.

Certaines entreprises ont créé une radio interne avec des émissions thématiques (interviews, partages de pratiques, etc.) ou des podcats pour varier les canaux de communication. Cela vous inspire ?

La notion de communauté ne se limite à vos équipes projets ni à vos collègues : elle peut aussi favoriser le partage entre les communautés de pratiques. La puissance de l'intelligence collective est le fondement de l'application de laWEbox : chaque participant à la communauté apporte sa « clé » pour résoudre un problème, partage ses techniques, et tout le monde repart avec un « trousseau de clés » bien fourni.

## LA MINUTE #LAWEBOX

Inventez ou partagez une expérience intense et efficace pour créer de l'interaction à distance. Sans tenir compte des contraintes techniques, demandez-vous comment vous pourriez commencer ou terminer une réunion connectée marquante. Si l'inspiration ne vient pas, appelez un collègue et brainstormez ensemble sur la question.

*L'idée n'est pas de révolutionner le travail, mais de saupoudrer de nouvelles pratiques dans le quotidien pour vivre en téléréunion une combinaison entre bienveillance et détermination.*

# Chapitre 5

# Chouette, une réunion à distance !

Qu'est-ce qu'une réunion ? Il s'agit d'un temps de travail en équipe un peu plus formel que les interactions du quotidien, qui permet de traiter des points précis avec plus que trois personnes. Selon une enquête[39], la réunion idéale durerait entre 30 minutes et une heure pour 50 % des cadres, avec six personnes présentes.

Un des risques des réunions virtuelles est qu'elles soient conduites comme avant, mais à distance. Que d'énergie déployée et de temps passé en *conf-call** ou visio, parfois pour si peu d'actions enclenchées, de projets coconstruits et d'objectifs atteints, etc., et l'impression de n'être que spectateur des réunions virtuelles.

*Réunion virtuelle = efficacité virtuelle ? Quitte à vous connecter à une réunion à distance, faites-le vraiment, totalement. Soyez acteur en préparant, en contribuant et en faisant avancer les choses.*

J'ai constaté que le sujet des réunions est celui qui génère le plus de débats dans l'application de laWEbox. Pourquoi ? Parce qu'une réunion à distance est le moment qui catalyse plusieurs difficultés.

En effet, l'entreprise a beaucoup perdu de sa spontanéité du fait du télétravail. Les échanges interpersonnels disparaissent au profit d'un fonctionnement de plus en plus normalisé, il est beaucoup plus difficile de prendre la parole, d'être à l'aise en visio. Comment exprimer son avis, ses idées et recueillir ceux des autres si chacun endosse sa cape de conformiste ou est absent à l'image ?

Le lien social, nous l'avons vu, est le principal levier du plein épanouissement de l'intelligence humaine. Or, du fait de la distance et parce qu'ils redoutent de tomber dans le gnangnan, certains pensent que

* Terme usuel pour nommer les réunions utilisant un outil digital de conférence à distance.

cela fait du bien aux autres de rester neutres, voire froids. Que devient la qualité des relations quand les visio s'enchaînent ? Comment faire pour garder le lien ?

Le multitâches coupe le lien dans les équipes. À moitié actifs sur nos outils digitaux en double écran, on perd en qualité de présence. « Ohé, y a quelqu'un ? Vous êtes avec moi ? » Comment retrouver cette qualité de présence dans une réunion à distance ?

Un format à distance rajoute de la difficulté pour se comprendre, il faut donc s'astreindre à appliquer les bonnes pratiques qui fonctionnent, telles que les animations qui brisent la glace, les tours de tables réguliers, mieux expliquer l'objectif, passer plus de temps à exposer le support partagé (« Là je suis page 17 »), faire plus de feedback, etc. Des pratiques qui réclament aussi un peu de préparation.

Retrouvez les temps forts des réunions à distance, en tant que participant ou comme organisateur. Au menu : transparence, simplicité, attitude positive et focus.

### LA MINUTE #LAWEBOX

**Prenez une feuille pour répondre à cette question : « Qu'est-ce que j'ai envie de changer dans mes réunions à distance ? »**

Après plusieurs périodes de confinement, vous vous sentez particulièrement à l'aise en réunion à distance ? Certaines bonnes pratiques vous sembleront peut-être évidentes si vous êtes un cador des visioconférences, un roi des *icebreakers* (voir page 150) et que la satisfaction des participants est toujours au top. Prenez toutefois le temps de lire la section « Actions PLUS IMPLIQUANTES », car il y a des pépites.

# AVANT LA RÉUNION : QUESTIONNER SON INTÉRÊT ET PRÉPARER LA FORME

Anticipez chaque réunion en prenant connaissance des éléments préparatoires, puis questionnez-vous sur le sens de cette rencontre. C'est une ligne exigeante, mais qui porte rapidement ses fruits. Quand on a préparé, on est plus impliqué, on a plus d'enthousiasme, on interagit mieux. Et c'est communicatif ! Une bonne nouvelle, non ?

Trop de réunions ? Pas le temps de toutes les préparer ? C'est là où le système devient vertueux : plus les réunions sont préparées, plus elles peuvent être courtes et efficaces. Embarquez les autres participants dans cette dynamique collective.

## PETITES ACTIONS du quotidien

### 79 Veiller à bien comprendre ce qui est demandé – le sens de votre présence

Lisez l'agenda, la liste des personnes invitées (au besoin la demander), et préparez les points abordés. Contactez en amont l'organisateur de la réunion pour comprendre ses objectifs et échangez sur vos attentes. Si des questions de fond ou certains de ses choix vous tracassent, contactez-le par téléphone pour anticiper et ne pas accaparer la parole et le temps de chacun le jour J. Un organisateur averti en vaut deux : il devrait vous en être reconnaissant.

Si la réunion est nécessaire, ou si vous devez y assister quelle qu'en soit la raison, faites-le totalement.

En cas de doute, et même si le télétravail vous évite les trajets, n'hésitez pas à challenger l'organisateur sur la nécessité ou non de votre présence. Il clarifiera ses attentes. Votre temps est précieux : rien de telle qu'une présence inutile pour vous saper le moral pour toute la journée* !

---

* Ah si, il y a pire : voir la moitié des participants qui font autre chose pendant la réunion parce que leur présence n'était pas nécessaire.

## 80 Inutile de râler si quelque chose vous tracasse

Une téléréunion, on y assiste et on y contribue activement, ou on s'abstient ; il n'y a pas d'entre-deux.

Le piège classique que chacun se tend consiste à ne pas avoir pris le temps de définir un objectif précis sur sa participation personnelle à une réunion, en se questionnant : « J'ai pris connaissance des enjeux et des supports de ce meeting. Avec quoi je souhaite en sortir ? » Vous savez alors objectivement pourquoi vous devez y assister... ou non.

Râler est une forme de conversation, bien sûr. Mais il vaut mieux mettre votre énergie ailleurs.

### LA MINUTE #LAWEBOX

Je vous propose une minute d'introspection pour votre prochaine réunion ! Prenez une feuille et répondez à ces questions :

- « Comment ma prochaine réunion peut me faire progresser, en lien avec les autres ou avec mes objectifs ? »
- « Qu'est-ce qui me fait me lever le matin pour assister à cette réunion ? »
- « Avec quoi j'ai envie de ressortir de cette réunion ? »
- « Une actualité d'équipe ou un projet à y célébrer en une minute ? »
- « Quel est mon objectif personnel dans cette réunion ? »
- « Qu'est-ce que je compte faire pour contribuer à cette réunion ? »
- « Quel est mon *a priori* sur cette réunion et comment me mettre en action par rapport à cela ? »

## Actions PLUS IMPLIQUANTES

### 81 Annuler ou raccourcir des réunions

La suite logique de l'action précédente. Trop de réunions ? Annulez-en une par semaine (voire une par jour selon l'étendue du problème !) en déléguant, en challengeant les organisateurs ou en revoyant les priorités.

Mieux préparées, les réunions peuvent également être plus courtes. N'hésitez pas à lancer un défi aux participants en proposant à la fin d'une réunion récurrente : « Pour la prochaine, si on essayait de tenir avec 10 minutes de moins ? »

## Actions à destination des MANAGERS ET DES CHEFS DE PROJETS

### 82 Organiser sa réunion en binôme

Vous êtes l'organisateur d'une réunion ? Bravo ! Et pas de panique ! Il y a beaucoup de bonnes pratiques dans ce livre pour vous aider, et n'oubliez pas que, parfois, *less is better than more*. Ne tombons pas dans le *reuniowashing* qui, à l'image du *greenwashing* ou du *happywashing*, nous obligerait à être nickel à tout point de vue pour être bien vu. Un animateur de réunion, c'est un peu un guide (sur le timing, les relances, le respect, la créativité, etc.). Alors, quand c'est possible, organisez-la à deux pour libérer votre esprit de contraintes.

Un manager d'une société libérée me confiait s'inspirer d'autres cultures pour prendre du recul sur ses missions et me dit : « Dans les réunions des Indiens kogis, il y a toujours deux shamans : celui qui est responsable du contenu (le jeune) et l'autre en charge de l'animation et garant du processus (l'ancien). » Cette comparaison peut paraître culturellement assez lointaine de vos réunions, toutefois l'idée est transposable. Pour les réunions de plus de cinq personnes, au regard des techniques d'animation indispensables pour maintenir l'engagement de vos interlocuteurs dans un tel format, demandez l'aide d'un binôme, même s'il n'est pas un ancien shaman. Il sera chargé de :

- la connexion ou l'aide à l'utilisation ;
- l'intégration des retardataires ;
- le suivi et/ou la modération des discussions ou questions dans le *chat*. Certains outils de réunions virtuelles permettent de filtrer les commentaires dans le *chat* : ce point est important à anticiper, car l'écrit et la distance désinhibent ;
- l'enregistrement de la session ;
- au besoin, le paramétrage de sous-groupes de discussion ;
- l'éventuel *live powerpointing* pour résumer en temps réel les propos sur un support partagé à l'écran. Il s'agit d'afficher à l'écran des *slides* de synthèse des échanges et des décisions de la réunion, réalisées en direct par une personne dédiée.

Une telle aide est indispensable pour vous concentrer sur le fond et les interactions. Si c'est une réunion techniquement complexe à mener, vous pouvez créer un groupe WhatsApp avec les organisateurs de la réunion pour échanger en *live* (suivi du timing, questions, prendre des décisions en direct, etc.) et favoriser ainsi la fluidité de votre événement.

## 83 Prévoir du temps pour bien se préparer

La préparation, c'est 80 % du succès d'une réunion.

Si vous êtes l'organisateur, prévoyez du temps de préparation. Entre le fond, la forme et les outils, ce n'est pas du luxe. Plus l'enjeu est important et plus la difficulté à maintenir le groupe en énergie est conséquente. Mon associé, mathématicien de formation, dit qu'il faut prendre « le logarithme népérien du nombre de participants pour définir le ratio entre le temps de préparation et le temps effectif de la réunion ». Disons qu'il faut 30 minutes de préparation pour un point en petit comité, trois heures pour 20 participants, etc.

Pour préparer votre support de présentation, respectez la fatigue oculaire des participants connectés et inspirez-vous de la méthode 1664 :

- **1 idée** directrice par page ;
- **6 lignes** au maximum par page ;
- **6 mots** au maximum par ligne ;
- **4 couleurs** au maximum par support.

Pour préparer votre prise de parole, faites comme un de mes anciens patrons qui passait autant de temps à mettre au point son support qu'à peaufiner son discours. Il s'enfermait dans son bureau et répétait inlassablement ses présentations pour qu'elles aient plus d'impact.

Si vous êtes participant, réservez la moitié ou le tiers de la durée prévue à préparer la réunion : contactez en amont l'organisateur ou les participants, anticipez vos questions, testez ou téléchargez l'outil, etc.

### LA MINUTE #LAWEBOX

Prenez du recul sur la semaine passée et questionnez-vous :

- « Combien ai-je eu de conférences téléphoniques et visioconférences dans la semaine passée ? »
- « Ont-elles été efficaces et motivantes pour tout le monde ? »
- « Combien de temps aurais-je dû passer à la préparer ? »
- « Combien de temps ai-je passé à préparer le support ? Et la prise de parole ? »
- « Comment organiser ma semaine prochaine pour que cela rentre dans le planning ? »

## 84 Contacter les participants en amont

Voici quelques idées selon votre degré de maîtrise des réunions. Investiguez et contactez les participants en amont pour créer du lien. Pas d'e-mail ! Appelez-les ou profitez d'un passage au bureau pour les découvrir : s'intéresser à l'autre avant de lui demander d'être performant, c'est plus sympa, et les réunions en deviennent plus efficaces. Tout simplement parce que, quand les gens se connaissent, ils se parlent, et la proximité générée ainsi évite la rumeur qui sabote les projets.

Donc levez le nez de votre *to-do lists* et allez à la rencontre des autres, en physique quand c'est possible, sinon à distance.

## 85 Investir du temps pour expliquer le « pourquoi » de la réunion

Prévoyez un moment au début de la réunion pour cet exposé : cela permettra à chacun de replacer son action dans le résultat de l'entreprise et de mieux comprendre les enjeux de la rencontre.

## 86 S'assurer que les outils sont accessibles à tous

Choisissez des outils fiables, simples de compréhension, et informez-en les participants dès l'invitation en anticipant les éventuelles questions de droits d'accès, *firewall* et versions d'ordinateurs.

Pour des réunions importantes ou des conférences, n'hésitez pas à organiser une répétition en petit comité une semaine en amont pour vous assurer que la technique va suivre (partage de documents, votes en ligne, prises de parole, micro, vidéo, etc.).

## 87 Veiller au choix des participants et ajuster leur nombre au format

Vous n'aimez pas vous sentir inutile en réunion ? Les autres non plus.

Connaissez-vous les *pizza teams* ? Des chercheurs ont montré qu'un groupe de six personnes est optimum pour collaborer au travail. Si vous êtes trop nombreux pour vous partager une pizza à la prochaine occasion de vous voir, c'est qu'il y a trop de monde autour de l'écran !

À distance, vous pouvez être tenté d'inviter plus de monde car tout le monde est techniquement « sur place ». N'invitez que les personnes indispensables à la réunion et prévoyez un compte rendu pour les autres afin de réduire l'e-absentéisme.

## 88 Envoyer un ordre du jour sous forme de questions

Contrairement aux points fermés, les questions favorisent l'envie de contribuer. Gardez en tête que 46 % des collaborateurs estiment que leur hiérarchie les infantilise[40]. Chaque réunion doit donc être l'occasion de coconstruire et de responsabiliser ses interlocuteurs.

## 89 Respecter les fondamentaux d'une réunion d'ampleur à distance

Vous avez la main pour animer une visioconférence de 30 minutes avec plus de 10 personnes ? Vous prévoyez d'avoir un large public ou d'animer une réunion de plus d'une heure ? Ce mémo synthétique vous aidera à faire de cette réunion un succès.

- **Pragmatisme.** Votre événement doit apporter des réponses au sujet traité. Avec quoi souhaitez-vous que les participants quittent votre conférence ? Comment allez chercher cela ?

- **Échanges entre pairs pour se sentir appartenir à une communauté et apprendre.** L'adulte apprend surtout en interagissant avec les autres : prévoyez un florilège de techniques d'animation que vous aurez testées auparavant. Partage d'avis, de doutes, de situations similaires : la force du codéveloppement* ou du *peer coaching* se décline aussi en format événementiel. Comment allez-vous chercher l'interaction en présentiel ? Comment cela se décline à distance ?

- **Humilité et convivialité pour se dire les choses.** Soyez honnête et transparent ! À distance, le superficiel, le convenu, incitent à décrocher, même si personne ne voit qu'Untel a basculé sur *Candy Crush*. Lâchez la posture froide ou prétendument *corporate*.

---

* Le codéveloppement est un processus de formation inversé d'apprentissage entre pairs, dans un climat bienveillant et constructif. Particulièrement structurée, cette méthode a été lancée au Québec en 1997 par Adrien Paillette et Claude Champagne.

À distance, il faut créer du lien avec les participants, sinon vous perdez tout le monde, c'est garanti.

- **Efficacité des outils et du déroulé.** Choisissez dans la palette de propositions qui suit celles qui conviennent à votre objectif et rodez-vous pour que ça soit efficace. Une répétition technique s'avère indispensable pour un tel événement.

## 90 Se créer un minipublic pour être plus vivant

Si votre intervention est longue, formelle, descendante, ou si elle se déroule devant un grand groupe de participants, créez-vous un public en regroupant quelques personnes dans un lieu physique pour ne pas parler seul. La chaleur de vos propos et votre enthousiasme à leur parler se sentiront à distance.

Sur votre outil de visio, privilégiez l'affichage mosaïque pour vous nourrir des retours caméra des autres participants.

## 91 Utiliser la puissance des interventions en double écran

Lors des interventions de laWEbox, nous avons observé qu'occuper les participants sur leur PC et leur téléphone simultanément leur évitait de succomber à la tentation de faire autre chose en même temps (checker ses e-mails par réflexe, surfer sur Internet, consulter ses messageries instantanées, etc.), ce qui fait décrocher. De plus certains ont l'habitude ou aiment faire plusieurs choses en même temps. Comment procéder ?

- Utilisez le smartphone pour proposer de répondre à des quiz ou participer à des *discussions asynchrones*, en lien avec la réunion.
- Utilisez en parallèle l'ordinateur pour diffuser la conférence et passer les *slides*.

Ainsi, finie la dispersion de concentration !

## 92 Prolonger la réunion pour être transformatif

L'efficacité d'un événement quel qu'il soit réside dans sa capacité à mettre en mouvement les participants une fois qu'ils ont retrouvé leur quotidien, à donner vie aux messages véhiculés et à transformer. Que pourraient faire vos participants après l'événement qui prouverait qu'il a été vraiment utile ?

# DÉMARRAGE DE LA RÉUNION : S'INSTALLER, SE CONNECTER, SE LANCER

## PETITES ACTIONS du quotidien

## 93 Vérifier que la logistique fonctionne le jour J

Une mauvaise logistique, c'est comme une salle non réservée : ça vous plante une réunion.

Pieuvre, visio, wifi, micro, applications : arrivez 10 minutes en avance pour anticiper ces détails techniques et assurer le démarrage de la réunion à l'heure. Si l'auditoire à distance s'impatiente, son engagement s'altérera.

Vérifiez que l'outil de visioconférence reprend votre nom complet et modifiez-le au besoin pour éviter d'être étiqueté « SLKJD27 ».

La touche finale : optez pour une astuce de présentatrice télévisée ! Pour bien passer à l'écran, c'est comme à la télévision, il faut avoir bonne mine. C'est très sérieux ! L'Oréal a lancé une ligne digitale de cosmétiques dédiée aux visioconférences ! Il s'agit d'une gamme de filtres, comme on en trouve sur Snapchat. De l'ombre à paupières ou du rouge à lèvres sans produit chimique permet de faire illusion le temps d'une connexion.

Quelque 1,6 million d'utilisatrices dans le monde sont déjà adeptes de cette innovation.

## Actions PLUS IMPLIQUANTES

### 94 Animer des *icebreakers* (brise-glace)

L'ouïe, l'odorat, la vue, le toucher, le goût : à distance nous sommes un peu handicapés, car certains sens deviennent inadaptés ou ne peuvent être utilisés que de façon dégradée dans les interactions. On ne ressent pas l'autre, on ne le touche pas, on ne le voit que partiellement, et s'il apparaît à l'écran, on ne l'entend que s'il active son micro et décide de prendre la parole officiellement ! L'autre est-il vraiment là ?

Pour booster l'esprit d'équipe en réunion, il faut se lancer et expérimenter des techniques d'animation de groupes. Ces animations de début de réunion permettent de prendre conscience de la présence de chacun et de créer de la relation avec vos interlocuteurs. Certains utilisateurs de laWEbox disent consacrer ainsi de cinq minutes jusqu'à 20 % du temps total de chaque réunion pour créer une atmosphère de confiance dans les échanges.

Les *icebreakers* sont des techniques pour briser la glace et créer un sentiment d'appartenance. Évoquez le sujet avec l'organisateur de la réunion et proposez-lui vos services. Commencez par des techniques peu intimidantes, puis montez en puissance si vous êtes dans le cadre d'une équipe qui se connaît déjà.

**Vous pensez que ce n'est pas pour vous ?** Vous n'avez jamais tenté ? Pourtant, c'est très puissant. Briser la glace est le sujet qui génère le plus d'engouement chez les personnes qui se connectent aux événements de laWEbox. C'est également le sujet le plus fréquemment demandé à Lazare, notre chatbot de management, véritable coach digital qui répond à tout type de question sur la collaboration au travail. Alors, si vous ne le faites pas pour voir, faites-le pour les autres.

**Prêt à tenter ?** Anticipez l'effet de surprise et suggérez l'idée en tête à tête à l'organisateur de la réunion. Commencez par des exercices peu impliquants.

Pour choisir l'*icebreaker* approprié, plusieurs paramètres sont à prendre en compte.

- L'implication réclamée par l'exercice : se dévoile-t-on ? Y a-t-il un contact physique ?
- Les bénéfices recherchés par l'*icebreaker*, qu'on peut regrouper en trois grandes catégories : mieux se connaître, se mettre en énergie, en dynamique positive ou collaborer.
- L'originalité, pour avoir un petit effet de surprise.
- Son adéquation avec votre style est capitale. Ne tentez que ceux avec lesquels vous êtes à l'aise.

J'apprécie les exercices rapides, facilement intégrable dans une réunion lambda, dans tout type de contexte, plutôt que des animations qui nécessitent beaucoup de préparatifs ou de temps de réalisation. Charles Keller, mon associé de laWEbox, est passionné par le sujet. Il vous a concocté une liste d'*icebreakers* simples et efficaces, qui ne nécessitent aucune préparation. Pour aller plus loin, n'hésitez pas à rejoindre le groupe LinkedIn « *Icebreakers* professionnels » qu'il anime sur ce thème par des événements matinaux presque quotidiens pour explorer et expérimenter de nouveaux « brise-glace » en quelques minutes. Et, surtout, vous mettre en confiance pour les reproduire avec votre équipe.

Les vertus de ces *icebreakers* peuvent être de plusieurs ordres :

- donner le sourire, véhiculer de la joie ;
- faire un ancrage émotionnel positif ;
- libérer la parole pour la suite de la réunion ;
- créer une atmosphère collaborative ;
- apporter un effet de surprise ;
- favoriser l'arrivée à l'heure des participants pour ce rituel sympathique !

**Astuce :** en amont de la réunion, prévenez quelques personnes clés en leur disant : « Demain, je vais te poser telle question. Prépare la réponse pour ne pas être pris de court. » Quatre bénéfices en vue :

- ça permet de rythmer effectivement votre réunion ;

- ça vous soulage, vous pouvez retrouver de l'énergie pour la suite ;
- ça engage ces complices dans le succès de la réunion ;
- ça les maintient en alerte : tant qu'ils n'ont pas parlé, ils restent sur le qui-vive.

Les brise-glace sont des astuces pour que tout le monde fasse part de son ressenti. Une fois cette étape terminée en visio, on repasse en mode audio au besoin, ce qui permet de résoudre, du moins en partie, les problèmes de bande passante. Surtout quand le wifi de la maison n'est pas aussi bon qu'au bureau.

## LA MINUTE #LAWEBOX

Des réunions à distance virent au silence mortel si tout le monde coupe son micro ce qui génère un bruit blanc anxiogène. Votre mission : proposer une animation digitale lors d'une réunion : un tour de table des avis ou un vote à distance sur une idée, une décision. Choisissez le sujet, l'outil, et go !

## LES SUGGESTIONS DE CHARLES KELLER

### Les questions

Ces questions peuvent être focalisées sur des sujets professionnels ou rester très ouvertes. Les réponses peuvent se récolter sous forme de tour de table ou à l'écrit, chacun écrivant sa réponse sur une **feuille de papier montrée à l'écran.**

- Partager ses trois kifs* de la semaine passée, bons moments, bonnes nouvelles ou partager ses trois kifs attendus pour la semaine à venir en répondant à la question : « Qu'est-ce qui m'attend de sympa dans la semaine ? » Si

* Un des rituels développés par Florence Servan-Schreiber pour permettre de repérer et valoriser ses émotions positives (voir Florence Servan-Schreiber, *3 kifs par jour et autres rituels recommandés par la science pour cultiver le bonheur*, Marabout, 2011).

l'auditoire est important, réduisez à deux voire à un kif par personne.

- Un tour de table sur la question : « Quel est votre superpouvoir* ? » Chaque participant se présente en citant une ou deux de ses qualités.

- Un tour de table de remerciements. Encore une histoire d'ancrage émotionnel positif. Tout simple mais tellement efficace !

- Lancer à haute voix le « J'aime... ». Chacun énumère pendant une minute ce qu'il aime dans l'équipe ou le projet. Personne ne jugeant ni ne commentant la liste des autres.

- Un tour de table sur la question : « Quel métier aviez-vous envie de faire quand vous étiez enfant ? » Et qu'est-ce que cela dit de nous ? Cette question permet de se connecter à son enfant intérieur puis de faire un lien avec le métier actuel de chacun, ce qui est comblé ou non.

- Un tour de table avec la technique « fleur et valise » pour que chacun raconte ce qui l'enthousiasme aujourd'hui et ce qui lui pèse. Cela permet d'identifier sur qui on va pouvoir s'appuyer et qui il va falloir un peu laisser tranquille lors de la réunion.

- Un tour de table des solutions trouvées dans la semaine.

- Un tour de table des participants pour compléter la phrase « Cette réunion sera un succès si... ». Découvrir les différents points de vue enrichit la vision des participants et surtout celle de l'organisateur qui pourra adapter son animation de la réunion en conséquence. En écho à cet *icebreaker*, vous pouvez reprendre certains éléments en conclusion du meeting, voire refaire un tour de table. Le fait de parler du succès potentiel de la réunion engage les participants à y contribuer.

* Terme choisi par Florence Servan-Schreiber pour désigner nos qualités et forces de caractère qui peuvent nous aider à faire de grandes choses (voir Florence Servan-Schreiber, *Power Patate. Vous avez des superpouvoirs*, Marabout, 2014).

- Une « capsule temporelle » : inviter à lister et à conserver dans une boîte, une enveloppe à ouvrir ou une *slide* les souhaits de chacun pour le projet en commun, l'avenir de l'équipe ou de l'entreprise. À rouvrir et relire dans un an, deux ans voire plus !

### Les *icebreakers* visuels

- Demander la veille à chaque participant de choisir deux images (cela s'appelle du photo-langage) ou deux mots pour qualifier votre projet, votre équipe, ou toute autre chose. Chacun vous envoie la veille ses mots, ou ses images, vous les compilez sur une *slide* le jour J et proposez un tour de table où chacun explique le choix de ses mots ou images. Vous pouvez proposer une liste de mots prédéfinie dans laquelle piocher. Il en existe de nombreuses sur le Net qui listent par exemple des dizaines de valeurs variées.
- L'arbre à personnages, ou arbre d'Ostende, est une illustration que vous trouverez sur Internet et qui représente un panel de personnages variés installés sur un arbre. Certains sont tendus, fatigués, joyeux, dubitatifs, d'autres portent une équipe sur les épaules, se balancent, s'accrochent à l'arbre, etc. Chacun indique à tour de rôle quel personnage se rapproche de son état d'esprit du moment. Certaines versions de cet arbre ont des numéros sur chaque personnage, ce qui permet à distance de dire « je me rapproche du personnage numéro 4 ». Plus qu'une simple météo du jour, cet arbre permet de se positionner par rapport à son environnement, à son projet, ses équipes ou clients. Connaître l'état d'esprit de chacun avant une réunion permet de s'adapter et d'éventuellement déminer les tensions dès le démarrage. En fin de réunion, reboucler avec l'arbre à personnages permet de voir si celle-ci a atteint son objectif.

### Les questions plus personnelles

- À focaliser sur des sujets professionnels ou à laisser très ouvertes.

- Trouver par binôme deux points communs puis les restituer au groupe.
- Faire un tour de table des hobbies.
- Raconter une anecdote personnelle improbable ou inattendue.
- Se présenter en partageant son nom et sa spécialité locale préférée.
- Se décrire par un adjectif commençant par la première lettre de son prénom
- Un tour de table sur la question: « Quelle activité vous fait perdre la notion du temps ? »
- Un tour de table sur la question: « Que vous évoque le mot “extrême” ? »
- Un tour de table sur la question: « D'où venait votre premier euro gagné ? »
- Se présenter avec seulement trois mots.
- Raconter une anecdote de 15 secondes qui nous résume.
- Présenter son application la plus utile en ce moment.
Les participants ont un grand plaisir à découvrir les autres membres et de nouvelles applications.
- Partager chacun deux vérités et un mensonge, les collègues devant déceler le vrai du faux.
- Lancer chacun son tour des phrases structurées ainsi « Vivement... que... ». Cela peut aller de: « Vivement lundi que cette présentation soit derrière nous » jusqu'à « Vivement samedi que je fasse cette recette de cuisine alléchante ».

## Les *icebreakers* plus funs et plus impliquants

- Dessiner son voisin de table et afficher le résultat à l'écran.
- Grimace collective, efficace en peu de temps: l'atmosphère est vite détendue.
- Caricaturer des émotions: choisir une émotion parmi une liste simple (la peur, la colère, la joie, le dégoût) et mimer

cette émotion tous ensemble à l'écran (en utilisant le mode mosaïque qui permet de voir tout le monde en même temps).

- Tour de table de citation ou de la blague du jour
- Tout le monde mime une caméra figée d'ordinateur. Combien de temps allez-vous tenir sans rire ?
- S'applaudir (trouver une raison même anodine qui le justifie)
- Choisir un thème de fond d'écran commun, comme un paysage de vacances, une couleur commune.

### Les *move-your-body*

- La rock star. Chacun dit une phrase anodine de son choix, et les autres participants, micro ouvert, l'applaudissent et le couvrent de louange.
- Faire un exercice collectif de respiration.
- Proposer un cri de ralliement à chanter tous ensemble (« Oh hisse ! »), voire une gestuelle commune.
- L'objet intime : chercher un objet personnel qui parle de soi et qu'on n'apporterait pas au bureau, et le montrer à l'écran. Cet *icebreaker* est autoadaptatif en termes d'implication, car chacun optera soit pour un objet classique pour ne pas trop se dévoiler, soit pour un objet plus intime si l'on accepte de confier quelque chose au groupe.

### Un gimmick

C'est peut-être l'astuce la plus délicate, très liée à votre personnalité. Un gimmick, c'est un petit effet vocal récurrent. Par exemple, dans le film *Le Corniaud* : « Ah il m'épate, il m'épate. » Ou à la fin des publicités pour la Maaf : « Je l'aurai, un jour je l'aurai. » Ici le gimmick se doit d'être collectif. Introduisez-le d'entrée aux participants. Quelques exemples possibles en conférence téléphonique :

- **Présent?** « J'ai pas mal de souci visio ces derniers temps et je perds des gens en route. C'est pénible, on est obligé de refaire la séquence quand la personne se reconnecte. Je vous propose de ponctuer la réunion par quelques : "Présent ?

♬ ♬ "/"Présent! ♬ " » Vous pouvez le faire avec humour si vous le souhaitez. Alors, présent?

- **Brouhaha positif.** « Je vous propose de ponctuer la réunion de brouhaha positif, ça booste tout le monde. Nous le faisons souvent avec laWEbox;-) Quand je vous demande: "Alors, qu'est-ce que vous en pensez?", essayez de répondre tous en même temps un mot positif (canon, top, super, parfait, génial, j'adore, etc.). On essaye? 1, 2, 3, etc. » Ai-je besoin d'expliciter les bénéfices?

## 95 Briser la glace dans le cas d'une réunion à l'international

Travailler en équipe internationale à distance est plus complexe encore, car il faut surmonter les barrières linguistiques et les différences culturelles. Voici quelques astuces pour briser la glace si vous animez une équipe multiculturelle ou éclatée géographiquement. Il s'agit d'un florilège de questions pour créer du lien en début de réunion en visio, si les participants sont de nationalités variées ou grands voyageurs.

Proposez de faire un tour de table des réponses à l'une des questions ci-dessous et choisissez-en une différente à chaque réunion pour que cela devienne un rituel.

- Tu parles combien de langues? Et les autres? Qui s'amuse à faire le total pour toute l'équipe et on relève les scores? A-t-on un superpolyglotte dans le groupe?

- Listons tous les pays où nous sommes allés ces dernières années. Des pays en commun? Vous auriez peut-être pu vous retrouver ensemble là-bas! Qui en a visité le plus?

- Quel est le meilleur cocktail du monde? Ou alors le top 3 pour couvrir toute occasion.

- Qui a le plus de visas sur son passeport? Le visa le plus improbable?

# PENDANT LA RÉUNION : CONTRIBUER ACTIVEMENT

Contribuer à l'esprit d'équipe est essentiel pour garantir l'engagement de chacun. Vous allez trouver, dans cette rubrique, un tel panel de techniques que créer de l'interaction efficace en réunion à distance ne devrait plus offrir aucun mystère pour vous. Soyez totalement là dans la réunion en et veillez à la présence active de chacun, sinon le décrochage sera au rendez-vous.

## PETITES ACTIONS du quotidien

### 96 Être attentif à l'arrivée de chacun

Même si vous n'êtes pas l'organisateur, soyez attentif à chaque personne connectée, en sortant du côté statutaire de votre fonction. Certaines entreprises recommandent de saluer les collègues par *chat* pour ne pas déranger. Je suis gênée par cette proposition froide et préfère proposer d'allumer les micros pour se dire bonjour et accueillir tout le monde. Jusqu'à 20 participants, cela apporte de la convivialité en début de réunion. Au-delà de 20 participants, le *chat* peut effectivement prendre le relais.

### 97 Inviter de façon informelle à célébrer les succès en équipe

Lancez le mouvement en partageant un accomplissement commun, quelle que soit la nature du succès : « J'avais envie de partager une bonne nouvelle », puis « D'autres ont peut-être une bonne nouvelle à partager ? » Il n'y a pas de petit succès, mais uniquement des succès qui nécessitent de célébrer tous leurs contributeurs. Cela peut prendre la forme d'une simple exclamation : « On est tellement efficaces tous ensemble ! »

Chacun peut choisir ses marques de reconnaissance et ses techniques ou occasions pour le faire (oral, écrit, en réunion, affichage, individuel, collectif, etc.). Par exemple, en diffusant des témoignages de satisfaction de clients aux personnes ayant bénéficié des services de l'équipe, des anecdotes d'expériences ou de relations clients exceptionnelles.

Une cliente a clôturé le débrief d'un de nos webinaires laWEbox par cette expression que je ne connaissais pas : « C'était top, car il y a eu beaucoup de contenus partagés et de feedback. En bref, il *y a eu de la viande* ! » Cela a fait sourire toute l'équipe qui s'était donné du mal et nous a fait du bien.

## 98 Contribuer en facilitant le bon déroulé du meeting

Il y a de nombreuses façons de contribuer en aidant l'organisateur. Dans certains contextes, il est préférable de demander à l'organisateur de la réunion ce qu'il en pense pour ne pas le prendre au dépourvu. Proposez de :

- prendre des notes pour faire le compte rendu ;
- faire la modération dans le *chat* si vous êtes nombreux ;
- filmer la réunion pour envoyer un replay aux absents ;
- être le gardien du temps ;
- dessiner sur un tableau blanc digital les mots-clés ou décisions de la réunion. Parfois, cela intéresse tout le monde que quelqu'un affiche à l'écran le résultat attendu par le groupe, comme un fil rouge pour le suivi du projet : « J'ai besoin de visualiser l'objectif du projet. Est-ce que ça vous va si je fais un tableau blanc sur Zoom pour le retranscrire ? »

## 99 Rester concentré et positif

Il peut arriver qu'une réunion à distance vous apparaisse particulièrement difficile, que vous ayez l'impression « d'être dans le dur » ou de décrocher.

- Listez votre contribution du jour, le moment sympa de la journée ou de la réunion, les avancées du projet.

- Questionnez-vous sur ce qu'il faudrait changer la prochaine fois.

- Comptez le nombre de réunions que vous avez séchées dans la semaine en oubliant de prévenir l'organisateur et voyez comment faire baisser ce chiffre.

- Comptez le nombre de réunions dans la semaine où vous êtes arrivé à l'heure, celles où le déroulé était intéressant, où vous avez « e-rencontré » une personne intéressante, où vous avez reçu un feedback positif.

- Nommez dans votre tête dans la semaine l'organisateur de réunion qui a le mieux fait son job et inspirez-vous de lui pour comprendre ses techniques, sa posture, et s'en inspirer.

- Soyez heureux pour les autres qui peut-être profitent différemment de cette réunion et pour qui les choses se passent bien.

## 100 S'évader quelques minutes pour mieux revenir

Si l'ambiance est tendue, prenez soin de vous avec ces quelques pistes.

- Décortiquez les émotions des autres : celui-ci a l'air tendu, septique, curieux, jovial, endormi, etc.

- Détendez-vous et cherchez ce qui a illuminé votre journée en dehors de cette réunion : le nouveau chemin essayé ce matin pour aller chercher le pain, le courage dont vous avez fait preuve en équipe, votre petit dernier qui a passé un cap à l'école, etc.

- Stoppez le formalisme pesant de l'ambiance en laissant planer votre imaginaire : imaginez votre interlocuteur en plein fou rire, en chaussons, à quatre pattes avec ses enfants ou dans une situation que l'on adore (lieu, posture, hobby, etc.), comme si c'était un point commun.

Une cheffe de projet senior m'a confié qu'elle s'accordait quelques séances de grimaces – camera coupée* – pour relativiser pendant des réunions soporifiques ou si l'animateur se montrait trop autoritaire.

## 101 Se reconnecter à son corps et faire des pauses

Il paraît que les demandes de « pauses techniques » sont plus fréquentes à distance. Peut-être sommes-nous plus souvent sollicités ou tentés ?

Pour toute réunion dépassant 90 minutes, faites un exercice de respiration, ou proposez une pause collective de cinq minutes où chacun va se faire un café ou marcher. C'est indispensable pour mieux revenir.

# Actions PLUS IMPLIQUANTES

## 102 Rythmer ses interventions dès la première minute de connexion

Pas besoin d'être une pile électrique pour diffuser du positif à distance : vous n'êtes pas animateur de soirée. Partagez simplement les compétences, les succès, les idées nouvelles et percutantes, avec la pêche.

En revanche, n'ayez pas peur d'intervenir comme le ferait un animateur de radio, qui doit donner envie de l'écouter à distance. Reprenez les prénoms des personnes à qui vous parlez ou posez une question, rebondissez sur les propos ou commentaires sur le fil de discussion.

## 103 Se questionner pour éviter le malaise quand ça arrive

La réunion se passe mal ? Questionnez-vous et exprimez-vous. L'erreur à éviter : assister passivement à une réunion à distance en se disant

---

* Attention au risque technique : il m'est arrivé de rappeler à l'ordre ma fille qui faisait du bruit en pensant avoir coupé mon micro, ce qui n'était pas le cas !

qu'elle est inutile. Si c'est ce que vous ressentez, challengez-vous pour être certain d'avoir balayé tous les enjeux de la réunion et challengez l'organisateur en exprimant concrètement votre malaise, ainsi que les raisons qui l'expliquent. Proposez des solutions adéquates pour répondre à l'objectif de l'organisateur. Pour cela, définissez vos priorités.

- Qu'est-ce que je peux faire pour comprendre le point de vue d'Untel dans ma prochaine réunion ?
- Qu'est-ce que j'aimerais que mes collègues disent de moi ? Et mon équipe ? Comment l'incarner en réunion ?
- Je m'embête ? Je liste un maximum de propositions pour résorber le phénomène de la réunionite.
- Le phénomène vient-il d'une ou de deux personnes ? Y a-t-il moyen de leur passer un message, de leur offrir un feedback constructif ?
- Y a-t-il eu trop de monologues sans interaction ? Comment puis-je générer des interactions ?

### LA MINUTE #LAWEBOX

Comme il y a beaucoup de techniques dans ce chapitre, concentrez-vous peut-être sur une question pour prendre du recul : « Qu'est-ce qui cloche pour moi dans ces réunions ? Comment contribuer à l'avancement ? »

## 104 Inciter, à son niveau, le groupe à statuer

Favorisez le passage à l'action, même quand tout n'est pas calé. Encouragez avec bienveillance ou humour le groupe à stopper les discussions hors sujets, car celles-ci capturent de la parole en créant une forme de brouhaha pénible.

## 105 Inciter le groupe à trouver les indicateurs clés du suivi du projet de la réunion

Seuls des indicateurs mesurables, compréhensibles de tous, génèrent des plans d'action précis (nombre de clics attendus sur le site Internet, nombre d'incidents résolus, augmentation de la satisfaction des clients, etc.). Cela est valable également à l'échelle d'une réunion. Quel indicateur* est essentiel pour mesurer le succès de votre prochaine réunion ?

### LA MINUTE #LAWEBOX

Préparez votre question ou votre intervention pour la prochaine réunion en complétant par écrit cette phrase : « Je prévois de dire... »

# Actions à destination des MANAGERS ET DES CHEFS DE PROJETS

Si vous animez la réunion, vous pouvez approfondir les techniques qui permettent d'animer l'esprit d'équipe des participants. Et si ce n'est pas vous qui organisez la rencontre, voici quelques idées à soumettre à celui qui s'en charge si vous le sentez prêt à recevoir des conseils.

### LA MINUTE #LAWEBOX

Une clé pour votre prochaine réunion à distance, même au téléphone : démarrer par un moment convivial pour égayer le climat et donner envie d'écouter la suite. Tour de table des passions, des régions d'appartenance ou de son humeur du

* Un chapitre est dédié à cet aspect dans le cadre de la gestion de projets à distance (voir page 113).

jour, etc. Tentez une question de ce type dès votre prochaine réunion !

## 106 Rappeler le sens de la présence de chacun

Rappelez le sens de la surcharge éventuelle de travail, la valeur ajoutée des uns et des autres, la force de faire équipe, l'objectif pour arriver au résultat. Guettez et donnez la parole à ceux qui ne sont pas intervenus de la réunion et qui attendent peut-être d'y être invités.

## 107 Clochette, gardien du sens, silence : trouver son style

Certains organisateurs prévoient une clochette : un membre souhaitant qu'une minute de silence s'installe peut l'activer, avant d'expliquer la raison de sa demande (tension ressentie, besoin d'attention, etc.). Lors des événements de laWEbox, nous utilisons une clochette pour réveiller ou surprendre les participants lorsqu'un message important requiert la concentration de tous. Nous accompagnons alors la clochette de cette interpellation : « Ouvrez bien vos oreilles voici la consigne de l'exercice. »

À distance, on peut aussi demander de « lever la main » (l'outil est prévu dans la plupart des applications de visioconférence) ou d'informer par *chat* l'organisateur si l'on a besoin d'intervenir.

Certains nomment à chaque réunion un gardien du sens, pour s'assurer que la rencontre a bien un sens et que tout le monde l'a bien en tête.

Découvrez les vertus de quelques secondes de silence, qui permettent d'ancrer les messages à la fin d'une intervention, d'inciter les participants à poser des questions. Un silence, sans être long, est aussi une pause agréable pour nos cerveaux hypersollicités.

Un silence plus long, réclamant une tâche précise, peut être l'occasion de rythmer la réunion et de réaligner tout le monde. Par exemple : « Je vous propose de faire un silence de deux minutes pour que chacun écrive dans le *chat* en deux lignes son ressenti sur les 45 premières minutes de la réunion. À mon top, on postera tous notre message. »

Évitez en revanche de proposer des techniques d'animation engageantes à la place de l'organisateur. Respectez sa place et le format qu'il a choisi. Suggérez plutôt, en amont de la réunion, des ajustements progressifs qui pourraient aider à son déroulé, par petites touches.

### LA MINUTE #LAWEBOX

« Il est impossible d'embarquer les équipes quand les gens ne se connaissent pas. » Est-ce que cette pensée vous inspire ?

## 108 Veiller à respecter les points clés sur le fond

Pour y parvenir, voici quelques règles à garder à l'esprit.

- Le sens de la présence de chacun doit être clair.
- L'ordre du jour et le timing doivent être respectés.
- Tout le monde est vraiment présent, personne ne pique du nez, ni ne pianote sur son smartphone pour faire autre chose, ni ne se déconnecte de la réunion. Pas de double écran pour faire autre chose au lieu de contribuer à la réunion. Et chacun écoute l'autre. Si ce n'est pas le cas, signalez-le !
- La libre expression est encadrée avec bienveillance et chacun apporte sa contribution en respectant les temps de silence.
- Les participants sont challengés.
- Vous maîtrisez le déroulé, la méthode et/ou le sujet.
- L'avancement des projets dont la réunion fait l'objet est partagé.
- Les participants coupent leur micro quand ils ne parlent pas. Vous pouvez aussi le faire par défaut en annonçant dès le début :

« Pour cette séance, nous avons coupé tous les micros et prévu l'enregistrement. N'hésitez pas à les activer lorsque vous avez besoin de prendre la parole. »

## 109 Se souvenir que tout le monde est utile et doit contribuer

Pour des réunions de moins de 10 participants, incitez chacun à contribuer activement. Cela intimide peut-être certains, mais cela oblige tout le monde à apporter sa pierre à l'édifice, ce qui donne du sens à la présence de chacun.

### LA MINUTE #LAWEBOX

Qu'est-ce qui est difficile quand vous n'arrivez pas à contribuer activement à distance ?

# CLÔTURER UNE RÉUNION

Selon les utilisateurs de laWEbox, une réunion est un succès si tout le monde en ressort avec les idées claires, si on tranche sur les points essentiels et qu'un plan d'action est partagé, si chacun repart avec l'envie de s'impliquer davantage, si chacun sait ce qu'il a à faire et pourquoi, si on a résolu ensemble les problèmes insolubles individuellement.

### LA MINUTE #LAWEBOX

Demandez-vous comment, à la prochaine réunion, vous pourrez contribuer à atteindre les objectifs fixés durant la réunion du jour.

## PETITES ACTIONS du quotidien

### 110 Reboucler sur les étapes clés pour une réunion virtuelle efficace

- Ne quittez pas une réunion sans savoir qui fera le compte rendu des décisions, et quelles sont les prochaines étapes, résultats attendus et reste à faire. Visez l'efficacité : ce n'est pas un exercice de rédaction énergivore. Pour une équipe restreinte et autonome, il peut s'agir d'un e-mail court écrit en direct pendant la réunion, avec trois points clés. Le but est de conserver les décisions clés, dates, répartition des tâches.

- Célébrez collectivement les progrès accomplis. Une simple affirmation (« C'est chouette, cette visio a permis d'atteindre les objectifs fixés ! ») peut suffire. Et pourquoi ne pas inviter à applaudir les succès de l'équipe ? Cela fait du bien de bouger un peu et de s'exprimer autrement qu'avec des sourires ou des sourcils froncés. Si la réunion a été difficile ou que les prochaines étapes s'annoncent intenses, vous êtes invité à chercher des alternatives au « bon courage ».

- Si l'organisateur est connu pour un suivi un peu mou des prochaines étapes ou si le projet est important pour vous, proposez un outil de suivi des décisions, tableau Excel partagé, outil Trello ou liste de points dans le compte rendu qui feront l'objet d'une mise à jour à la prochaine réunion.

- Vous trouvez que la réunion a débordé en termes de temps ? Proposez d'être le gardien du temps pour la prochaine.

- Vous trouvez que la parole n'a pas été équitablement distribuée ? Proposez pour la prochaine fois de mettre en place une règle pour veiller à ce que tout le monde contribue, par exemple en finissant les sujets par un tour de table où chacun s'exprime.

- Certains ont été silencieux pendant la réunion ? Parlez-en à l'organisation, allez les voir ou appelez-les et demandez-leur un feedback, ils ont sans doute une bonne raison de s'être tus.

- Vous trouvez que votre présence a été peu utile ? Questionnez l'organisateur sur l'utilité de votre présence pour la prochaine fois, quitte à assumer votre absence future si vous pensez que c'est légitime : « Je ne sais pas si j'ai des raisons d'être présent à la prochaine réunion. Pour la suite, je peux contribuer au besoin, mais je n'ai pas le temps de me connecter systématiquement aux réunions. Qu'en penses-tu ? »

- L'erreur à éviter : quitter une réunion sans savoir ce qui va faire avancer les dossiers, les indicateurs, les résultats.

### LA MINUTE #LAWEBOX

La question à se poser en sortant d'une réunion : « Qu'est-ce que je tente la prochaine fois ? »

## Actions PLUS IMPLIQUANTES

## 111 Systématiser le feedback des participants en fin de réunion

Pour engager tout le monde dans une réunion à distance, il est fondamental qu'elle ait un but (que vous aurez compris ou défini en amont). Terminez la séquence en revenant sur ce but annoncé. Par exemple :

- décider d'une action à faire, acter une stratégie, se répartir des tâches, valider un budget : « Nous avions prévu de trancher sur cette action, en conclusion que décide-t-on ? »

- transmettre des informations aux personnes concernées : « Tout est-il bien clair pour tous ? »
- créer de la cohésion d'équipe, s'entraider, s'écouter.

Le feedback permet de savoir ce qu'ont pensé les participants, si l'objectif a été atteint, si tout le monde s'est exprimé. (Pour trouver votre style, vous pouvez revenir à la section du chapitre 2 dédiée aux techniques de feedback, page 66.)

> *L'esprit d'équipe, ce n'est pas Youplaboum, les personnes ont besoin de se sentir soutenues. Un match, ça se gagne d'abord dans les vestiaires.*

## 112 Soigner le fond et la forme du compte rendu

Le premier point d'amélioration cité par les personnes interviewées sur le sujet par laWEbox porte sur le besoin de comptes rendus plus fun... tout en restant professionnels et dans les codes de l'entreprise, bien sûr. Alors lancez-vous avec un dessin, des noms de superhéros donnés aux participants, des *smileys* à la place des *bullets points*, etc.

Pourquoi ne pas tenter le support vidéo pour faire un compte rendu animé et court ? Vous aurez ainsi plus de chance qu'il soit vu qu'un PDF.

### LA MINUTE #LAWEBOX

Deux questions pour vous guider :

- « Qu'est-ce que je peux proposer d'un peu fun tout en restant dans les codes ? »
- « J'ai mis un peu de fun dans le compte rendu ? Comment les autres ont réagi ? »

## 113 Suivre en solo son ROTI de la réunion

Comme je l'ai expliqué dans la section consacrée au feedback, le ROTI d'une réunion (pour *Return On Time Invested*) consiste à attribuer une note entre 1 (inutile) et 5 (excellent) sur son utilité. Même si l'organisateur ne le propose pas, faites-le pour vous, et suivez ce ROTI au fil des semaines ou par projet. Cela permet de suivre de manière factuelle l'utilité des réunions et leur évolution dans le temps, ce qui donne encore plus envie de se mettre en mouvement pour changer les choses quand c'est nécessaire.

### LA MINUTE #LAWEBOX

Testez le ROTI personnel sur toutes vos réunions de la semaine et demandez-vous ensuite ce que cet outil vous a apporté.

> *« Se réunir est un début,*
> *rester ensemble est un progrès,*
> *travailler ensemble est la réussite. »*
> Henry Ford

## 114 Mesurer les forces et progresser

Vous souhaitez progresser dans votre présence en réunion à distance ? Faites ce test à chaque réunion pour la « mesurer » et découvrir sur quels axes vous devriez prioriser vos actions.

La méthodologie de laWEbox repose sur une cartographie des zones de forces et de progrès pour grandir ou faire grandir les équipes. Elle correspond au découpage des chapitres de *Moteurs d'engagement.*

Inscrivez dans le tableau ci-contre une note de 1 à 5 selon votre réponse :

- La note 0 est donnée à : *Non pas du tout.*
- La note 1 est donnée à : *Non, ce n'est pas trop le cas.*
- La note 2 est donnée à : *Oui, ça arrive.*
- La note 3 est donnée à : *Oui, c'est un point fort ici.*

Vous pouvez mettre des demi-points également si vous hésitez.

| | Note de 0 à 3 |
|---|---|
| **Connaissance de soi et des autres.** Cette réunion a-t-elle permis aux participants d'avoir l'opportunité de se dévoiler, de partager leurs avis, de demander celui des autres, de trouver des points communs avec des collègues sans qu'il faille te fondre dans le moule ou rester particulièrement discret? | |
| **Reconnaissance.** Cette réunion a-t-elle véhiculé de la reconnaissance, certains participants ont-ils eu l'occasion de féliciter certains, les petits succès ont-ils été célébrés, le travail effectué ou le talent de chacun a-t-il été reconnu? | |
| **Optimisme.** Cette réunion a-t-elle véhiculé une attitude positive, optimiste, le sourire et les bonnes nouvelles étaient-ils au rendez-vous, loin de la propagation des ragots? | |
| **Joies simples, culture du jeu.** Cette réunion a-t-elle encouragé les joies simples? L'humour, le fait de ne pas se prendre trop au sérieux, un côté bon enfant qui autorise à se lâcher de temps en temps? | |
| **Empathie.** Cette réunion a-t-elle permis aux participants d'exprimer leurs émotions, vulnérabilités ou de reconnaître celles des autres? | |
| **Action, droit à l'essai et à l'erreur.** Cette réunion a-t-elle encouragé la mise en œuvre d'idées nouvelles, les prises de risques, avec le droit à l'essai et le passage à l'action (sans crainte que ces idées soient reprises par d'autres ou refusées)? | |
| **Équité, humilité.** Cette réunion a-t-elle permis aux participants de faire preuve d'exemplarité, d'humilité, d'égalité de traitement envers chacun? | |
| **Gratitude, altruisme.** Cette réunion a-t-elle permis aux participants de remercier la communauté des collègues pour leurs contributions et de te réjouir pour leurs propres succès? | |
| **Entraide.** Cette réunion a-t-elle permis aux participants de faire preuve d'entraide et de générosité envers les collègues ou équipes quelle que soit la forme (coup de main, partage d'idées, cagnottes, conseils, services rendus, etc.)? | |
| **Bienveillance, gentillesse.** Cette réunion a-t-elle permis aux participants de témoigner de la gentillesse avec simplicité au sein du groupe? | |
| **Soin de soi.** Cette réunion a-t-elle permis aux participants de prendre soin d'eux, pour limiter les effets du stress? | |
| **Sens et liberté.** Cette réunion a-t-elle permis aux participants d'exercer une certaine liberté dans leur travail et à donner du sens à leur contribution? | |

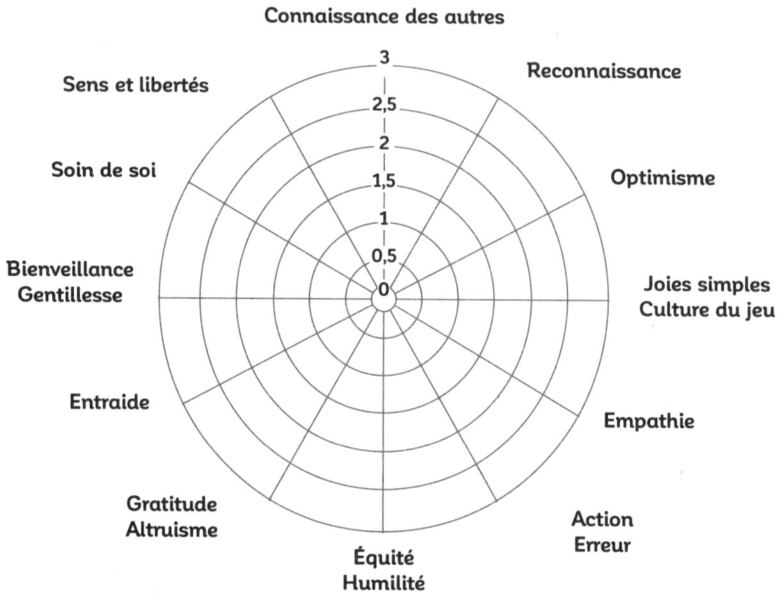
Connaissance des autres
Reconnaissance
Optimisme
Joies simples
Culture du jeu
Empathie
Action
Erreur
Équité
Humilité
Gratitude
Altruisme
Entraide
Bienveillance
Gentillesse
Soin de soi
Sens et libertés
3
2,5
2
1,5
1
0,5
0

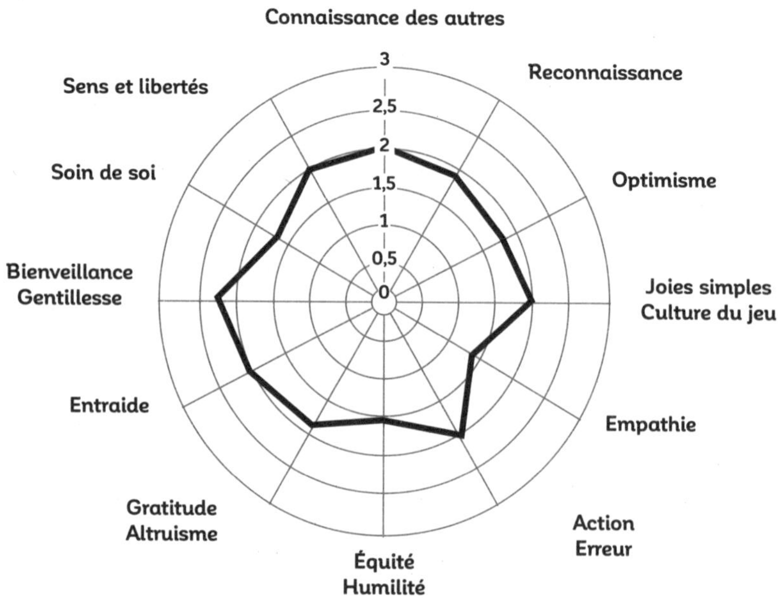
Connaissance des autres
Reconnaissance
Optimisme
Joies simples
Culture du jeu
Empathie
Action
Erreur
Équité
Humilité
Gratitude
Altruisme
Entraide
Bienveillance
Gentillesse
Soin de soi
Sens et libertés
3
2,5
2
1,5
1
0,5
0

Complétez votre échelle de réunion, soit en vous connectant sur l'application laWEroom avec le code projet « LEGRANDBAIN », soit en photocopiant ou scannant le premier graphe page ci-contre pour y reporter les points obtenus dans le questionnaire.

Si vous êtes l'organisateur de la réunion, vous pouvez proposer de faire l'exercice tous ensemble et de totaliser les notes attribuées par tous les participants pour calculer une réponse moyenne pour chaque question.

Vous pouvez enfin refaire le test en notant cette fois non plus l'ambiance de la réunion, mais votre capacité à déployer tous ces leviers en tant que participant. Cela incitera les autres à évoluer dans ce sens.

La mise en forme de vos réponses sur le schéma de l'échelle relationnelle vous permettra d'identifier les axes à travailler. Par exemple, sur le schéma du bas page ci-contre, l'empathie et le soin de soi sont des axes « faibles », donc à travailler.

Pour le calcul de votre score de réunion, faites la somme des notes attribuées à chaque question.

- **Vous avez plus de 25 points ?** Votre ressenti de l'esprit d'équipe vécu dans cette réunion est particulièrement positif. Bravo vous y contribuez sans doute activement !

- **Vous avez entre 15 et 24 points ?** Votre ressenti de l'esprit d'équipe vécu dans cette réunion est positif, avec des points forts sur lesquels s'appuyer également.

- **Vous avez moins de 15 points ?** Bravo d'avoir fait ce diagnostic. Et pas de panique : laWEbox est là pour vous apporter des idées pour faire un peu différemment et bénéficier des vertus des bonnes relations au travail.

Vous êtes en quête de progrès sur ce sujet des réunions à distance ? Cette échelle et toutes les pratiques développées vous aident à y arriver. Voici déjà quelques pistes !

- **Vous souhaitez développer l'empathie ?** Proposez aux participants de décrire leur humeur du jour.

• **Vous souhaitez développer le sens de l'action en réunion ?** Questionnez-vous : « Que puis-je faire de concret avant la prochaine réunion pour faire en sorte que le groupe décide ? » « Si je partage mes points de blocage, comment avoir l'avis du groupe ? »

• **Vous souhaitez développer l'optimisme et l'attitude positive en réunion ?** Lancez-vous et cela deviendra contagieux : « J'ai apprécié dans cette réunion que X... », ou « On va y arriver ! »

• **Vous souhaitez développer l'humilité du groupe ?** Évitez de vous mettre en avant et jouez le collectif. Si cela ne devient pas contagieux, parlez-en à l'organisation de la réunion.

• **Vous souhaitez développer la générosité dans l'équipe ?** Donnez un coup de main à la fin de la réunion, proposez de faire le compte rendu en binôme, suggérez au groupe de partager les tops et les flops de la semaine, puis incitez les participants à se donner des coups de main sur les flops.

• **Vous êtes organisateur d'une réunion ?** Demandez-vous ce qui donnerait envie aux participants de s'impliquer davantage dans celle-ci.

*« Nous sommes ce que nous répétons chaque jour.*
*L'excellence n'est alors plus un acte, mais une habitude. »*
— Aristote

# Chapitre 6

# Demain, tous empowerés et hybrides ?

*Après la « raison d'être » des entreprises, quelle est la « raison de venir au bureau » ?*
— Benoît Serre*

*La relation prime sur le plus beau des contenus.*
— Paul Watzlawick**

Avec toutes les bonnes pratiques découvertes dans ce livre, vous êtes en train de plonger dans le grand bain du télétravail réussi. Mieux encore, vous vous empowerez*** progressivement.

Cela signifie que vous êtes désormais pleinement responsable de votre mission, que vous allez prendre des initiatives, faire vos choix. Tel un entrepreneur, vous allez expérimenter de nouvelles façons de travailler. Bravo, vous êtes en train de trouver par vous-même votre façon d'atteindre vos objectifs avec autonomie et vous ne restez pas sur le quai de l'intelligence collective. Si vous êtes manager, vous allez pouvoir favoriser cet état d'esprit d'autonomie dans vos équipes et ainsi libérer les énergies.

Toutefois, il manque deux ingrédients pour que ce « pouvoir » soit total : revenir un peu au bureau et contribuer au partage de bonnes pratiques avec les autres.

* Benoît Serre est vice-président de l'Association nationale des DRH (ANDRH).

** Psychologue, psychothérapeute, psychanalyste jungien et sociologue, membre fondateur de l'école de Palo Alto. Lire à ce sujet *Le Pouvoir des gentils*, de Franck Martin (Eyrolles, 2014).

*** Dérivé du mot anglais *empowerment*, désormais passé dans le langage courant, même si certains lui préfèrent sa traduction « capacitation ». Cette modalité implique l'octroi de davantage de pouvoir et d'autonomie aux individus ou aux groupes pour leur permettre d'acquérir le contrôle des facteurs qui façonnent leur vie – ici professionnelle. En résumé, l'*empowerment* consiste à favoriser la confiance et l'autonomie.

*Le télétravail est un pharmacon, mot grec signifiant à la fois remède et poison. À bonne dose, on en voit les bénéfices, à mauvaise dose, les effets indésirables. Pour le moment, nous avons encore besoin de passer plus de jours en présentiel qu'à distance, parce qu'on apprend. Il faut trouver la juste mesure, pour faire disparaître les risques liés au surdosage, comme la dilution du lien d'appartenance*[41].

Revenir au bureau – ou aux bureaux si on inclut de nouveaux lieux de travail –, c'est mettre un pied dans le fonctionnement en mode hybride.

Parfois en présentiel. Parfois à distance.

Parfois synchrones avec les collègues connectés en même temps que vous. Parfois asynchrones, avec des échanges décalés dans le temps.

Cette liberté d'emploi du temps et d'organisation facilite l'accès à l'information en *open bar*, la contribution à une discussion sur un réseau social ou la réponse à un sondage d'équipe en décalé par rapport aux autres. Au-delà de son intérêt pour une meilleure efficacité, ce fonctionnement hybride a des vertus précieuses pour la qualité de vie au (télé)travail, l'expérience collaborateur et l'esprit d'équipe.

*65 % des collaborateurs de Facebook US veulent retourner au bureau*[42].

L'hybride devient le mode de fonctionnement normal d'une équipe. Microsoft a diffusé le 15 octobre 2020 les résultats de la deuxième édition de son enquête « Work Reworker[43] », qui montre que 90 % des dirigeants sont prêts à adopter durablement le travail hybride. Dans le même temps, les collaborateurs sondés ne veulent pas passer plus d'un tiers de la semaine en dehors du cadre traditionnel de l'entreprise. Et vous ?

## POURQUOI RETOURNER AU BUREAU ?

Nous sommes déjà demain. Le nomadisme est le nouveau standard. Plus de 69 % des Français[44] souhaitent répartir leur temps de travail entre l'entreprise et « ailleurs ». C'est une bonne nouvelle, car la coopération à distance peut difficilement se passer de rencontres physiques. Le fonctionnement hybride mixant présentiel et digital est monnaie courante. Lorsque l'on se connaît « en vrai », on se comprend mieux. Sentir que l'on fait partie d'une équipe, que l'on fait corps, exige des rencontres physiques. À l'inverse des visioconférences, en présentiel on crée des liens autres que strictement utilitaires. Pour faire communauté, le bureau devient alors un lieu dédié à la vie sociale, l'agilité, la coopération.

Le fonctionnement hybride prend d'autant plus de sens que 62 % des salariés français ne peuvent pas travailler à distance [45], et que beaucoup de ceux qui le peuvent ont des petits logements et des conditions de vie peu optimales pour télétravailler.

> *« L'humain reprend sa place, désormais on se verra moins mais on se verra mieux. Se voir en chair et en os est précieux. La présence physique a la primeur sur toutes les autres interactions. La crise démontre combien les interactions humaines sont multiples, profondes, nécessaires au développement individuel et collectif. Chacun percevra désormais encore mieux la valeur d'être présent physiquement, les personnes valoriseront davantage les compétences humaines, l'empathie, la capacité de transmettre, l'engagement, la prise de parole, l'accompagnement managérial, etc. Cette crise nous montre que le plus grand capital, c'est le capital humain [46]. »*

Aller au bureau d'accord, mais pour quoi faire concrètement ? Pendant le premier confinement, une fois les premières semaines passées, certains employeurs ont senti le besoin de reprendre un certain contrôle et des collaborateurs ont trouvé que retourner au bureau était une forme de punition qui prenait la forme de télétravail « masqué ». Ils devaient en effet porter un masque à cause des restrictions sanitaires, avec une interdiction de se réunir à plusieurs en salle de réunion et d'inviter des prestataires dans les bureaux, sans oublier les cantines fermées, etc. Finalement ils étaient aussi bien voire mieux chez eux. D'autres ont pu profiter pour retrouver la machine à café, échanger des idées et bonnes pratiques.

Désormais, au-delà des échanges informels, nous choisirons nos lieux de travail en fonction des tâches à effectuer. Quelques réunions au bureau permettent notamment de se retrouver pour quelque temps clés :

- régulation en petits groupes pour échanger sur les dysfonctionnements éventuels de l'équipe ;
- temps informels pour la cohésion d'équipe. Une réunion mensuelle permet de maintenir l'esprit d'équipe et d'intégrer les nouveaux ;
- temps d'interactions élargis à toute la sphère de son entreprise.

Si nous devenons tous hybrides, comment interagir avec une partie des collègues à distance et une partie au bureau ? Ce fonctionnement hybride nécessite d'opérer un *mindset shift**, un changement culturel majeur dans nos façons de travailler. Il s'agit en effet de développer ce réflexe : ne pas se limiter aux collègues présents dans la même pièce que nous au bureau et faire l'effort d'être reliés à ceux qui assistent aux réunions à distance.

Des initiatives de ce type ont eu lieu dans les universités et les grandes écoles pendant la crise sanitaire, pour faire cours à la moitié de la classe en présentiel et à l'autre moitié à distance. En écoutant les étudiants qui ont subi ces formats, on comprend que c'est un vrai défi. Mais différentes actions facilitent ce fonctionnement hybride.

### LA MINUTE #LAWEBOX

**Faites l'expérience d'organiser un pot d'équipe avec certaines personnes en présentiel et d'autres à distance. Vous constaterez par vous-même la difficulté de l'exercice à distance.**

* Changement d'état d'esprit.

## PETITES ACTIONS du quotidien

### 115 Aller dans un bureau pour retrouver un cadre de travail efficace

En télétravail, la moitié des salariés font face à des problèmes techniques[47] ? Pour travailler, il y a désormais de multiples lieux aux ambiances variées (lieux de coworking, cafés connectés, etc.). Meilleur wifi, moins de soucis de promiscuité, calme ou ambiance, concentration ou partage avec des voisins de bureaux : choisir de tels lieux permet de résoudre beaucoup de difficultés liées au travail à domicile.

### 116 Utiliser les tiers lieux pour retrouver l'intelligence collective

Le télétravail réduit notre capacité d'interaction, tant sur le nombre de liens sociaux que sur leur nature. Sur ce terrain, les tiers lieux ont plein d'atouts.

Ils offrent des opportunités d'échanges, de la dynamique, des zones calmes, des zones collaboratives. Ils permettent de s'ouvrir et de découvrir des nouvelles expertises, certains y intégrant des start-up dont les idées foisonnent.

Le pouvoir du présentiel sur la créativité est sans comparaison. Travailler en dehors du bureau et du domicile favorise également la sérendipité, c'est-à-dire la découverte accidentelle – comme celles qui ont permis l'invention de la tarte Tatin, du micro-ondes ou encore du Post-it®.

Pour bénéficier des avantages de deux modalités (distanciel et présentiel), un nouveau futur du travail se dessine : un peu en télétravail, un peu dans des tiers lieux et un peu au bureau, selon les besoins et l'organisation de chacun. Cela permettra de réduire les risques de paralysie inhérents à un lieu de travail unique. C'est donc une forme de révolution des modes de travail que l'on observe : « Le siège social va ainsi devenir un camp de base de passage et le travail va se répartir entre le *home office* et les espaces de réunion et de coworking[48]. »

## 117 Aller au bureau pour limiter l'addiction au travail et sacraliser des temps de respiration

Le travail à distance a de nombreux avantages sur la vie personnelle : moins de pollution, de fatigue liée aux trajets, moins de contraintes logistiques, proximité avec sa famille, meilleure vie sociale, etc.

Mais il présente aussi des risques pour la santé individuelle. Selon Alexis Peschard, addictologue et président de GAE Conseil, l'isolement généré par la distance est responsable de risques accrus d'addictions, qu'il s'agisse d'hyperconnexion et de workaholisme (81 %) ou de consommation de tabac ou d'alcool (70 %[49]).

De plus, la détresse psychologique augmente avec le nombre de jours télétravaillés : 47 % pour les collaborateurs 100 % au bureau, 53 % pour les collaborateurs qui alternent présentiel et télétravail, 58 % pour ceux à 100 % en télétravail[50].

Selon Malakoff Médéric, 31 % des salariés dénoncent un impact négatif du télétravail sur leur santé psychologique durant le confinement, 48 % avouent avoir eu des difficultés à se déconnecter du travail et 36 % constatent une augmentation de leur niveau de stress et de leur charge mentale[51].

Saviez-vous que certains télétravailleurs culpabilisent d'être dans de bonnes conditions, dans une maison en bord de mer ou au calme avec un jardin, et se demandent si leur manager ou leurs collègues vont les juger voire les jalouser, ce qui nuit à leur plein épanouissement professionnel ? Ils se disent qu'ils vont forcément le payer, se demandent s'ils ne vont pas « louper quelque chose d'important » ou si les projets vont se faire sans eux... et préfèrent rentrer.

Alors, tous au bureau pour éviter les effets néfastes du télétravail !

À cause du mélange des genres, nous avons tendance à travailler davantage à distance. Pour vous protéger, mettez également en place des routines quotidiennes et respectez-vous. À quelle heure démarrez-vous le matin ? À quelle heure décidez-vous de vous arrêter ? Quel rituel stoppe votre journée : aller chercher les enfants, le pain ou fermer la porte d'une pièce dédiée au travail ? Obligez-vous à prendre de vraies pauses pour changer de pièce, discuter avec les enfants, marcher dehors, etc., en les planifiant si besoin dans votre agenda.

## 118 Aller au bureau pour y réaliser certaines tâches spécifiques

Questionnez-vous sur vos missions et celles de vos équipes. Votre activité n'est pas aussi contrainte que celles des agences bancaires ou des commerces et restaurants.

Quelles sont les tâches les plus adaptées au travail à distance ? Nicholas Bloom, professeur d'économie à Stanford, les a catégorisées pour vous faciliter la tâche. Il y a :

- **les missions « télérobustes » :** des activités qui sont délivrées avec succès à distance et sur le long terme, comme les tâches individuelles maîtrisées, avec une hiérarchie stable, les tâches de production ;
- **les missions « téléfragiles » :** des activités qui supportent moins la distance, lorsqu'il s'agit d'innover, de rencontrer de l'inattendu, de bâtir des objectifs partagés. Pour celles-ci, il est nécessaire de côtoyer vos interlocuteurs dans un environnement de travail collectif.

Pendant une semaine, listez vos activités quotidiennes et répartissez-les dans ces deux catégories pour organiser votre temps de travail hybride et choisir quelles missions réaliser à quel endroit.

## 119 Aller au bureau pour se retrouver en face-à-face

Avis tranchés, écoute biaisée, anonymat dans les *chats*, mensonge, moindres efforts dans les échanges : le virtuel désinhibe.

Le vrai face-à-face permet d'avoir des discussions plus honnêtes. En face-à-face physique, chacun ressent beaucoup mieux l'avis de son interlocuteur, car le langage corporel nous aide à communiquer. De plus, le fait d'échanger et d'être réellement présents au même moment et au même endroit renforce les liens et la confiance.

Une situation nécessitant par exemple de se retrouver en face-à-face, est la gestion de crises où la recherche d'un consensus véritable permet d'engager toute une équipe vers un plan d'action risqué ou tranché. Si vous avez besoin d'échanges avec des personnes clés, de discussions posées, de prendre le temps de l'écoute, de mettre de la nuance, privilégiez le présentiel.

## Actions PLUS IMPLIQUANTES

### 120 Aller au bureau pour réseauter en physique ou pour le prestige

Être physiquement au bureau permet de rencontrer des collègues et d'être visibles.

Qui promouvoir pour tel job, à qui penser pour tel projet, comment avoir de l'information ? La guerre des talents se poursuit, que vous soyez physiquement là ou à non.

Donc restez vigilants. Le lien entre employé et employeur est également moins solide à distance, ce qui peut faciliter les licenciements... à distance.

Que vient faire le prestige ici ? Le bureau deviendra également un lieu d'évènement, de démonstrations, pour recevoir des clients, des partenaires. Tout l'écosystème de l'entreprise viendra ainsi y constater la force des équipes.

### 121 Cadrer le fonctionnement de la team hybride

Avant la Covid-19, les managers se contentaient d'accepter ou de refuser une demande d'un collaborateur pour 1 jour de télétravail par semaine. Il y a fort à parier que très vite cette notion n'existera plus, le manager ayant pour rôle de définir quel fonctionnement idéal permettrait à l'équipe de donner son maximum, entre des temps collectifs au bureau et des temps à distance.

Le fonctionnement hybride d'une équipe peut être encadré par des règles pour plus de fluidité dans l'équipe. La présence dans les locaux de l'entreprise est-elle obligatoire un jour minimum par semaine ? L'organisation est-elle la même pour tous ? L'équipe fonctionne-t-elle avec des rotations ? Y a-t-il une plage horaire quotidienne où tout le monde est présent ou connecté ? Le travail à domicile est-il limité à un nombre de jours maximum par semaine ? Tout cela aidera l'équipe à s'organiser de façon claire et équitable.

## Actions à destination des MANAGERS ET DES CHEFS DE PROJETS

### 122 Aller au bureau pour former les plus jeunes

Comment transmettre la culture d'une entreprise ou les réflexes d'un métier technique à un nouvel arrivant ? Une ancienneté minimum semble requise pour être autonomes à distance. Pensez à eux et proposez-leur de se retrouver au bureau pour tout type de format d'entrevue.

### 123 Suivre la tendance de la régionalisation

L'organisation du travail semble sur la voie de l'ubérisation*, avec un mode de fonctionnement où chacun deviendrait responsable de ses résultats et de ses moyens d'action. La responsabilisation de chacun sur les indicateurs de performance a été traitée plus haut. N'est-ce pas toutefois une fausse liberté, à l'image des dérives observées dans le modèle Uber, puisque chacun continue à avoir un client final ou un employeur ? Si la question mérite d'être posée, nous nous concentrerons ici sur la notion de liberté de lieu de travail et non sur la relation employeur-employé.

* En référence à la société Uber qui a révolutionné certains métiers de services en faisant de chaque individu le responsable de son activité, avec les dérives comme l'exploitation ressentie par les individus-entrepreneurs et la notion de précarité associée.

Qu'en est-il de la liberté de choisir son lieu de travail ? Avoir des bureaux près d'un lieu de vacances ? En province ? Travailler dans les bureaux des autres plus près de chez vous ? Chercher l'inspiration dans un café et – pourquoi pas – face à la mer ?

De nombreux collaborateurs souhaitent devenir des nomades numériques. Après des années d'échec dans la mise en place des accords sur le télétravail dans les organisations, cette modalité de travail se réinvente désormais de façon irréversible pour devenir autre chose qu'il reste encore à définir. Devant cette quête de liberté de choix et d'organisation, l'immobilier de bureau se trouve confronté à une nouvelle tendance : la régionalisation.

Si vous êtes en télétravail, aimeriez-vous vous délocaliser dans une région qui vous permettrait d'avoir plus d'espace, de vous rapprocher de vos proches, quitte à n'aller à Paris qu'une ou deux journées par semaine ? Les entreprises vont accompagner cette tendance qui contribue à un meilleur équilibre de vie de leurs collaborateurs en créant des sièges sociaux régionaux permettant d'avoir une palette de bureaux de proximité et un bureau de passage dans une grande ville comme Paris. Intéressé ?

De plus en plus d'entreprises nouent également des partenariats avec des réseaux de tiers lieux qui transforment parfois des agences bancaires ou anciennes gares en bureaux de proximité.

Participez au mouvement en nourrissant ces réflexions sur le travail en mode hybride dans votre entreprise, qui y verra à la clé de belles économies à réaliser sur son budget immobilier.

Si cela n'est pas envisageable avec votre employeur, peut-être faudra-t-il réfléchir à la nature de la relation employeur-employé qui vous conviendrait si vous souhaitez plus de liberté professionnelle. Cette régionalisation peut d'ailleurs devenir mondiale pour les entrepreneurs et free-lances. On parle alors de *workation* – contraction des mots « travail » (*work*) et « vacances » (*vacation*) – ou de *teletravel*. Ce concept, né en Californie il y a une dizaine d'années, désigne la possibilité de mixer vie professionnelle et détente à n'importe quel endroit du globe.

# COMMENT MON ENTREPRISE PEUT-ELLE M'EMPOWERER ?

Votre employeur peut vous accompagner pour développer votre confiance et votre autonomie pour être meilleur à distance. Comment votre employeur peut-il vous aider à être compétent et outillé à distance pour élargir vos marges de manœuvre, que vous ayez envie de prendre plus d'initiatives, avec les responsabilités associées ?

## Actions PLUS IMPLIQUANTES

### 124 Obtenir de l'aide de son DRH

Pour comprendre la vision des DRH sur le télétravail, j'ai eu la joie d'interviewer Benoît Serre, partner au Boston Consulting Group (BCG) et vice-président de l'ANDRH.

> *De cette crise qui n'en finit pas resteront probablement de nombreux éléments. On peut sans prendre trop de risque citer pêle-mêle la résilience, l'agilité, la solidarité, la conscience sanitaire et bien évidemment le télétravail. On ne compte plus les articles et les interviews sur ce sujet depuis des mois. Chacun y va de son analyse structurant peu à peu ce qui pourrait constituer une nouvelle société du travail avec d'inédites contraintes et un rapport repensé à l'employeur comme à l'activité. Il est certain que la période que nous vivons a révélé à nombre de dirigeants que ce qu'on croyait acquis dans le management et le contrôle était finalement beaucoup plus fragile et instable. Alors que, depuis plus d'un siècle, la vie professionnelle s'organise autour de trois éléments : le lieu, l'action et le temps, voilà qu'une crise inédite vient perturber cette immuabilité du « Je vais au bureau » en « Mon bureau vient chez moi ».*
>
> *À l'instar de la tragédie classique, le travail a vu disparaître l'unité de temps et l'unité de lieu ne laissant finalement de place qu'à l'unité d'action.*

*Il ne faut néanmoins pas ignorer que, si le télétravail a connu un essor sous l'effet des contraintes sanitaires, il n'aura finalement concerné au plus fort du confinement que 35 % de salariés. Le télétravail ne résume pas le travail à lui seul, mais il en deviendra une alternative permanente et, par là même, normale.*

*Car là est la rupture profonde de cette crise. Le télétravail a conquis sa place et ne la rendra pas de sitôt malgré les réticences et les craintes inévitables face à tout changement majeur. Il doit être pensé sur le temps long car l'instaurer ne saurait être un effet de mode sans quoi son déploiement sera un échec. Se pose évidemment la question de son management, de l'évolution des lieux de travail, des modes de production collective, des moyens de contrôle et de mesure de la performance, de l'organisation de l'entreprise confrontée à un corps social aux rythmes et aux modalités différentes. Tous ces points donneront lieu à des débats, des réflexions, des théories managériales, des observations pragmatiques mais surtout des questions :*

- *Comment calculer le temps de travail lorsqu'on est chez soi ?*

- *Comment garantir l'équité de traitement entre ceux qui télétravaillent et les autres encore soumis aux contraintes des transports comme des sites de travail ?*

- *Quels liens établir avec ceux qui auront choisi un télétravail majoritaire voire intégral ?*

- *Comment ne pas prendre le risque d'opposer ceux qui peuvent et ceux qui ne peuvent pas comme une résurgence d'une nouvelle « lutte des classes » ?*

- *Aurons-nous demain de plus en plus de métiers nativement conçus à distance sous l'effet de la digitalisation et, dès lors, le contrat de travail classique demeure-t-il la bonne référence puisque le lien sera fondé sur une production, une prestation peu compatible avec la subordination et intégralement fondé sur la constatation d'un résultat ?*

*Toutes ces questions aident à structurer la société du travail de demain et ce sont celles que se posent les DRH depuis des mois. La fonction RH, mobilisée dès le premier jour, a dû y répondre de manière empirique. On constate d'ailleurs que le deuxième confinement a connu un déroulement assez différent du premier sur ce point-là. Le tout télétravail de la première phase étant clairement rejeté lors de la deuxième. De même, nous avons pu constater que les qualités managériales mises en œuvre faisaient la part belle aux* soft skills *et que le modèle* command and control *se révélait non seulement inopérant, mais aussi dévastateur.*

Vous l'aurez compris : pour toutes ces questions, demandez de l'aide à votre DRH qui est sur le pont.

## 125 Obtenir de l'aide de son DSI*

Les problèmes techniques, matériels, applicatifs ou de connexion sont fréquents et sapent le moral des troupes. Si vous êtes concerné, demandez conseil au service informatique qui vous aiguillera. Les entreprises économisent en moyenne chaque année 10 000 dollars (8 200 euros) par salarié[52] grâce au télétravail. Une partie de ces économies est utilisée pour éviter ces soucis et équiper voire former les salariés.

Certaines entreprises ont même mis en place des *hotlines* dédiées à ce sujet. Tentez l'expérience !

## 126 Organiser des retours d'expériences

Pendant les confinements, les RH ont été en première ligne pour organiser un fonctionnement de l'entreprise qui respecte les règles sanitaires. Puis les managers et chefs de projets ont pris le relais et s'outillent pour éviter l'épuisement.

Vous vous sentez submergé par la planification des équipes hybrides et des tâches ? Vous avez du mal à faire vivre les valeurs qui animaient votre équipe dans le « monde d'avant » ? Vous êtes épuisé par ces nouvelles façons de travailler ?

---

* Directeur des systèmes d'information, responsable de l'équipement et du développement informatique et numérique.

Vous pouvez suggérer d'organiser des retours d'expériences avec d'autres collègues pour partager les points positifs et tirer profit des expériences des autres. Souvent, des ambassadeurs relais des RH sont identifiés sur le terrain, des groupes de travail se montent pour identifier les bons outils, les bons formats, pour créer une forme de concertation avec les équipes sur les sujets clés. Tout est nouveau, il faut innover.

Sachez qu'il y existe de nombreux freins inconscients à l'organisation de ce type de retour d'expérience qui permet pourtant d'anticiper des difficultés à venir. Ne soyez pas surpris si vous avez du mal à impulser ce projet : en France, il semblerait que nous soyons plus souvent dans le passage à l'action que dans l'anticipation. Après une crise, chacun retourne à son quotidien, a peur de partager ses expériences ou erreurs et doute que ces enseignements soient utiles.

Thierry Picq, enseignant à l'EM Lyon spécialisé dans le management en situation extrême, insiste pourtant sur l'importance de ces retours d'expériences pour progresser. Il s'inspire du monde du sport et de l'armée et constate : « Un débriefing se fait à chaud, à froid, formel ou informel pour revenir sur des expériences. Plus une situation est dite extrême, plus l'importance accordée à la phase de retour d'expérience doit être forte. L'action n'est que la partie instinctive de ce qu'on doit faire. »

## 127 Structurer l'apprentissage entre pairs : le *peer learning*

> *« Se confier à quelqu'un est bon pour le corps et l'esprit. »*
> — David G. Myers

Face à la transformation des modalités d'exercice du travail, les collaborateurs souhaitent que leur employeur crée un environnement dans lequel ils pourront apprendre et rester connectés avec leurs collègues pour rester compétitif dans leur secteur et mieux affronter le travail et les crises de demain. « Près de deux employés de bureau européens sur trois conviennent qu'il est plus important que jamais d'acquérir une nouvelle compétence [...]. Et ils n'envisagent pas d'apprentissage sans qu'il se prolonge tout au long de la vie[53]. »

Des partages de pratiques s'organisent dans les réseaux pour savoir comment chacun si prend en toute humilité, quel outil concret est utilisé face à telle problématique très précise. C'est le principe de laWEbox : apprendre grâce à la rencontre digitale de semblables qui partagent leurs bonnes pratiques. Le *peer learning* (nom technique donné à ce type d'apprentissage entre pairs), ou *social learning*, permet de partager pratiques, doutes, astuces, anecdotes, etc., et d'échanger entre pairs pour éviter de sentir seuls dans cette transformation du travail. Créez ou impulsez des communautés apprenantes pour se développer en continu grâce au partage entre pairs. Ces échanges entre pairs ont quatre atouts (et aucun inconvénient connu à ce jour !).

- **Cela permet d'apprendre des autres.** Prenons un exemple. Si je vous demande quelle est votre clé pour briser la glace à distance ou faire un feedback, vous allez partager une technique que vous appréciez, peut-être deux. Si nous sommes 50 à faire cet exercice, nous repartirons un trousseau de 50 clés sur le feedback ou les *icebreakers* (voir page 150). Ces échanges entre pairs permettent rapidement d'avoir accès aux connaissances et aux expériences des autres. Chacun apportant un regard différent, une approche intéressante. C'est véritablement en écoutant les autres que l'on progresse sur un sujet aussi nouveau et contre-intuitif que la coopération à distance.

- **Cela aide à retenir ces techniques dans le quotidien.** Une fois que vous aurez fini ce livre, il y a fort à parier que vous aurez mis des Post-it® à divers endroits ou numéroté les actions que vous souhaitez essayer. Or, selon Edgar Dale, chercheur en sciences de l'éducation, la méthode la plus efficace pour retenir quelque chose est de partager ses trouvailles avec sa communauté*. Chacun présentant aux autres ses objections, ses techniques, ses tips, ses doutes, ses *quick wins***, ses échecs, etc., ces échanges entre pairs permettent d'ancrer les messages et de faciliter le passage à l'action.

---

* Il s'agit du stade ultime de l'apprentissage, selon le cône de l'expérience développé dans les années 1940 par Edgar Dale qui a eu l'intuition que le partage avec ses pairs permet de mieux ancrer des enseignements que l'écoute d'une formation ou le visionnage d'un film.

** Petites victoires ou solutions efficaces et rapides à mettre en place.

- **Le *peer learning* est rassurant.** Échanger avec les autres sur un réseau social peut faire peur, car il faut se jeter à l'eau et l'on craint d'être jugé. Entre pairs, on n'échange pas avec son supérieur mais avec ses semblables. Ces partages sont donc plus naturels et plus agréables : « Dis-moi comment tu fais pour tes rituels lorsque la moitié de l'équipe est sur place et l'autre éclatée en France. »

- **Cela permet de rester motivé et assidu.** La solitude à distance nous rend souvent plus accaparés par les tâches routinières. Appartenir à un groupe de pairs et échanger sur un sujet permet de maintenir le lien, de se réconforter, d'avancer ensemble, de trouver des collègues dont vous êtes plus proches du style de pensée, pour vous serrer les coudes et rester motiver focus pour avancer. Avec le *peer learning*, chacun a quelque chose en commun avec un groupe et chacun sait vers qui me tourner en cas de question.

De nombreux outils digitaux permettent d'utiliser la force du *peer learning* pour animer les communautés à grande échelle.

## 128 Mettre en place un groupe de codéveloppement

Alternative à la formation classique, le codéveloppement (voir action 89) prend de l'ampleur dans la mutation du travail. Des sessions en présentiel sont animées par un expert de la méthodologie, pour éviter que les échanges ne se transforment en discussion de salon.

# Conclusion

# Concentration-motivation, c'est parti !

Peut-être avez-vous plongé dans le grand bain du travail à distance avec les confinements. À moins qu'on vous ait poussé à l'eau contre votre gré. Quoi qu'il en soit, vous avez dû chercher à vous adapter. Et aujourd'hui, vous en avez compris les enjeux. Vous avez compris que la clé est de rester focus sur votre équilibre de vie, vos résultats et vos relations. Vous avez en main la plupart des actions concrètes et puissantes qui vous permettent de coopérer efficacement à distance. Voici une ultime action pour conclure.

## 129 Redonner de la profondeur au « Comment ça va ? »

Les conséquences des chamboulements abordés au fil des chapitres rebattent les cartes du pouvoir et des relations humaines au travail.

Certains se révèlent dans cette nouvelle façon de travailler. D'autres, en revanche, ont peur qu'on les oublie, ont perdu la notion des priorités, travaillent deux fois plus ou ont décroché. Vous côtoyez peut-être des collègues qui saturent, qui ont peur de ne plus être légitimes et souhaitent tout contrôler, ils s'agitent, s'épuisent. Certains brillaient en présentiel, en imposaient, ils rentraient en réunion avec style, mais leur panache n'est plus aussi impressionnant en visio. D'autres ont viscéralement besoin de voir du monde.

Tout cela, vous l'avez désormais intégré, et il devient désormais impossible de faire comme si de rien n'était.

Pensez à vos collègues, pensez à vos équipes, à vos interlocuteurs du quotidien. Appelez-les, prenez des nouvelles avec un vrai et sincère « Comment ça va ? ».

> *La question traditionnelle de* small talking *« Comment ça va »,*
> *habituellement perçue comme une simple formule de politesse*
> *assez creuse, reprend désormais une place centrale.*

Pensez également à vous, organisez-vous une journée sans visio chaque semaine pour vous recentrer au calme. Et accordez-vous également une pause de 10 minutes pour prendre du recul, afin de vous questionner sur votre équilibre, vos résultats, vos relations.

Et vous d'ailleurs, *comment ça va* ? Retrouvons-nous vite dans laWEroom.

### UNE TOUTE DERNIÈRE MINUTE #LAWEBOX AVANT DE PLONGER DANS #LAWEROOM

**Ce livre vous a invité à lâcher du lest, à vous poser des questions nouvelles. Mais la détermination est le secret des athlètes. Quel est votre niveau de détermination pour enclencher le passage à l'action ?**

Êtes-vous concentré et motivé pour le grand saut ? C'est parti. Ce livre est augmenté. Je vous propose d'accéder à une expérience collaborative qui va augmenter le pouvoir de ce livre. Comment ? Mettre en œuvre une bonne pratique par jour, c'est une façon d'y aller par petits pas. C'est aussi une garantie de passage à l'acte.

Téléchargez dès maintenant l'application **laWEroom** sur votre téléphone*, ou flashez le QR code ci-dessous, créez votre compte avec le code projet LEGRANDBAIN, votre adresse e-mail et un mot de passe de votre choix.

Des bibliothèques de microactions et des défis vous aideront à progresser tous les jours pendant un mois. De plus, Lazare, le chatbot de l'application,

* L'application laWEroom est disponible sur Google Play et IOS, ainsi que sur le navigateur de votre ordinateur *via* le site www.laWEbox.tech

se propose d'être votre assistant virtuel. Vous pouvez dès maintenant lui poser toute sorte de questions sur la coopération, le management ou le bien-être au travail, il vous proposera des actions à expérimenter.

Allez-vous oser ?

On s'y retrouve ?

# Remerciements

Merci à l'équipe de Marabout pour sa confiance renouvelée après *Moteurs d'engagement : 365 actions pour mieux travailler ensemble.*

Merci à mon mari, Laurent, pour son indéfectible soutien et les fréquentes prises de recul à forte valeur ajoutée qu'il impulse dans mes projets.

Merci à mon associé Charles Keller pour son énergie quotidienne au service de laWEbox et son expertise partagée ici sur les *icebreakers* et les biais cognitifs.

Merci à Benoît Serre, Boston Consulting Group (BCG) et vice-président de l'ANDRH (Association nationale des DRH) pour la préface, sa confiance et ses éclairages.

Merci aux consultants, aux formateurs et aux partenaires de laWEbox, de nous confier ainsi leurs communautés de managers, sources d'inspiration.

# Ressources

1. Étude de la Direction de l'animation de la recherche, des études et des statistiques (Dares), 2019.

2. Étude Odoxa, avril 2020.

3. Étude Adviso Partners-Challenges-Odoxa-France Info, octobre 2020.

4. Patricia Wendling dans un entretien avec Maestrium, 24 novembre 2020.

5. www.forbes.fr/management/les-3-attentes-principales-des-francais-post-deconfinement/?amp

6. Étude Odoxa, avril 2020.

7. Source : Allen Curve (https://en.wikipedia.org/wiki/Allen_curve).

8. « Face à l'accélération du télétravail, les défis du management à distance », *FrenchWeb*, 27 octobre 2020.

9. Entretien avec Maestrium, 24 novembre 2020.

10. « Les quatre faces cachées du télétravail », tribune parue le 17 décembre 2020 sur le site Maddyness.com.

11. Extrait de l'interview d'Anne-Laure Chalet réalisée en juin 2020 : La Covid19 a impulsé de la solidarité dans l'action, traduction d'un style de management. (LinkedIn)

12. « 7 changements profonds dans l'organisation du travail qui perdureront », *Forbes*, 6 avril 2020.

13. Étude européenne « Working Anytime, Anywere », 2017 : https://www.eurofound.europa.eu/sites/default/files/ef_publication/field_ef_document/ef1658en.pdf.

14. « Face à l'accélération du télétravail, les défis du management à distance », *FrenchWeb*, 27 octobre 2020.

15. *Engagement collaborateur. Livre blanc*, dir. Nils Randriamanantena et Harmony Roche, novembre 2020, p. 12.

16. « Pourquoi le télétravail devient-il de plus en plus difficile au fil du temps », entretien avec le psychothérapeute Marwan Henneron, *Ouest France*, 17 février 2021.

17. *Ibid.*

18. Étude Microsoft « Work Reworked », 2e édition, août 2020.

19. www.youtube.com/watch?v=r_6Tqi9sH_I

20. Ce concept a été mis en relief dans les années 1970 par les psychologues Daniel Kahneman et Amos Tversky, dans un article fondateur : « Prospect theory : an analysis of decision under risk », *Econometrica*, mars 1979, 47(2), p. 263-292.

21. Voir Robert A. Rosenthal et Lenore Jacobson, Pygmalion à l'école (1968), ainsi que les travaux de Robert Rosenthal, chercheur en psychologie sociale.

22. https://fr.linkedin.com/pulse/quand-le-jus-de-citron-rend-invisible-comment-manager-m%C3%A9lodie-ardouin.

23. State of the Global Workplace, novembre 2017.

24. « Et le bonheur au travail ? », étude Deloitte et Cadremploi, 2015.

25. Webinar organisé par laWEbox en janvier 2021 avec l'intervention d'Arnaud Pottier-Rossi.

26. State of the Global Workplace, novembre 2017.

27. « The True Cost of Bad Hire », étude réalisée par Glassdoor, 2015.

28. Citée par Alexandra Marill sur www.businessinsider.fr , 3 décembre 2020.

29. Sondages réalisés en septembre 2020 auprès de 210 participants aux événements de laWEbox.

30. Richard Strul, « Maintenir l'attention par l'interaction », *Cadre & Dirigeant Magazine*, 16 février 2021.

31. Et n'oubliez pas de limiter les informations descendantes à 50 % de la durée de la réunion (voir action n° 15, page 000).

32. InterÉditions, 2020.

33. Étude réalisée auprès de 15 pays en 2016.

34. Étude Microsoft « Work Reworked », 2e édition, août 2020.

35. Les préconisations de la Cnil sont citées par Fabien Soyez : « Vie privée et télétravail : surveiller son salarié en permanence est interdit, rappelle la Cnil », *Courrier Cadres*, 24 novembre 2020.

36. Charles-Henri Besseyre des Horts, président de l'association francophone de gestion des ressources humaines (AGRH), dans une interview donnée au journal *Les Échos* le 22 octobre 2020.

37. « Portrait de manager : le management participatif », laWEbox, 30 juillet 2019.

38. *Ibid.*

39. Enquête « Les cadres français face aux réunions » réalisée auprès de 630 cadres, Cadreo, 2017.

40. Sondage Ifop « Sens du travail et raison d'être : le regard des salariés français sur l'entreprise », janvier 2020.

41. Patricia Wendling, entretien avec Maestrium, 24 novembre 2020.

42. Étude CNN *Busines*, octobre 2020.

43. Étude Microsoft « Work Reworked », 2e édition, août 2020 (sur un échantillon de 9 000 collaborateurs et dirigeants de 15 pays européens, dont la France).

44. Étude menée par la Villa Bonne Nouvelle d'Orange en mai 2020 auprès de plus de 600 personnes et coconstruite avec laWEBox.

45. *The Economist* (citée dans *Challenge*, n° 675, 19 novembre 2020).

46. « 7 changements profonds dans l'organisation du travail qui perdureront », *Forbes*, 6 avril 2020.

47. Enquête menée en 2020 par Fluxon (San Francisco) auprès de 1 005 salariés.

48. « 7 changements profonds dans l'organisation du travail qui perdureront », *Forbes*, 6 avril 2020.

49. Étude Odoxa-GAE Conseil, avril 2020.

50. Sondage OpinionWay pour Empreinte humaine, octobre 2020.

51. Étude CSA pour Malakoff Humanis, auprès d'un échantillon de 1 000 salariés du secteur privé (entreprises d'au moins 10 salariés). Les résultats ont été recueillis du 4 au 10 mai 2020, du 15 au 20 avril 2020, puis du 10 au 15 juin 2020.

52. https://www.pgi.com/blog/2019/11/how-telecommuting-saves-money-and-the-planet-too/

53. « Les travailleurs agiles en période de pandémie dessinent la nouvelle façon de travailler », *zdnet*, 20 novembre 2020.

# Table des matières

## NOTES PERSONNELLES

## NOTES PERSONNELLES

## NOTES PERSONNELLES

## NOTES PERSONNELLES

## NOTES PERSONNELLES

## NOTES PERSONNELLES

## NOTES PERSONNELLES

## NOTES PERSONNELLES

# NOTES PERSONNELLES

NOTES PERSONNELLES

# NOTES PERSONNELLES

## NOTES PERSONNELLES

# NOTES PERSONNELLES

## NOTES PERSONNELLES

## NOTES PERSONNELLES

## NOTES PERSONNELLES